BEI GRIN MACHT SICH WISSEN BEZAHLT

- Wir veröffentlichen Ihre Hausarbeit, Bachelor- und Masterarbeit

- Ihr eigenes eBook und Buch - weltweit in allen wichtigen Shops

- Verdienen Sie an jedem Verkauf

Jetzt bei www.GRIN.com hochladen und kostenlos publizieren

Bibliografische Information der Deutschen Nationalbibliothek:

Die Deutsche Bibliothek verzeichnet diese Publikation in der Deutschen Nationalbibliografie; detaillierte bibliografische Daten sind im Internet über http://dnb.d-nb.de/ abrufbar.

Dieses Werk sowie alle darin enthaltenen einzelnen Beiträge und Abbildungen sind urheberrechtlich geschützt. Jede Verwertung, die nicht ausdrücklich vom Urheberrechtsschutz zugelassen ist, bedarf der vorherigen Zustimmung des Verlages. Das gilt insbesondere für Vervielfältigungen, Bearbeitungen, Übersetzungen, Mikroverfilmungen, Auswertungen durch Datenbanken und für die Einspeicherung und Verarbeitung in elektronische Systeme. Alle Rechte, auch die des auszugsweisen Nachdrucks, der fotomechanischen Wiedergabe (einschließlich Mikrokopie) sowie der Auswertung durch Datenbanken oder ähnliche Einrichtungen, vorbehalten.

Impressum:

Copyright © 2018 GRIN Verlag
Druck und Bindung: Books on Demand GmbH, Norderstedt Germany
ISBN: 9783668838413

Dieses Buch bei GRIN:

https://www.grin.com/document/448640

Flavio von Witzleben

Das Narrativ westlicher Medien anhand der Annexion der Krim durch Russland

GRIN Verlag

GRIN - Your knowledge has value

Der GRIN Verlag publiziert seit 1998 wissenschaftliche Arbeiten von Studenten, Hochschullehrern und anderen Akademikern als eBook und gedrucktes Buch. Die Verlagswebsite www.grin.com ist die ideale Plattform zur Veröffentlichung von Hausarbeiten, Abschlussarbeiten, wissenschaftlichen Aufsätzen, Dissertationen und Fachbüchern.

Besuchen Sie uns im Internet:

http://www.grin.com/

http://www.facebook.com/grincom

http://www.twitter.com/grin_com

Private Universität Witten/Herdecke
Fakultät für Kulturreflexion – Studium fundamentale

Bachelorarbeit zum Thema:
Das Narrativ westlicher Medien am Beispiel der Annexion der Krim durch Russland

Zur Erlangung des Grades Bachelor of Arts in Philosophie, Kulturreflexion und kultureller Praxis

Flavio von Witzleben

Witten, 19.10.2018

Abstract:

Die vorliegende Arbeit beschäftigt sich mit der im Frühjahr 2014 von Russland annektierten Krim. Es wird hierbei zweierlei versucht zu beantworten: Zum einen werden die Wahrnehmungen der Krim-Bewohner untersucht und mit denen der Medien verglichen. Untersucht wird hierbei, ob es so etwas wie eine Diskrepanz zwischen der veröffentlichten Meinung der Medien und der Haltung der Krim-Bewohner gibt. Zum anderen wird eine Analyse der Magazine *Der Spiegel* und *The Guardian* durchgeführt. Untersucht wird, inwiefern die Magazine die Angliederung der Krim eingeordnet haben und ob es möglicherweise so etwas wie ein gemeinsames Narrativ der beiden Magazine gibt. Als wissenschaftliche Grundlage wurden hierfür eine Vielzahl von Artikeln aus der Zeit der „Krimkrise" ausgewertet.

Es zeigt sich, dass die beiden Magazine in vielen Aspekten durchaus ähnliche Erzählstrukturen verwenden, um die Ereignisse einzuordnen. Es lassen sich jedoch auch einige unterschiedliche Deutungsmuster beobachten. Diese beziehen sich in erster Linie auf einen etwaigen militärischen Einsatz des Westens in der Ukraine. Hinsichtlich der Narrative der Krim-Bewohner und deren Haltungen, lassen sich einige Diskrepanzen zwischen medialer und gesellschaftlicher Realität auf der Krim beobachten. Hierbei geht es vor allem um Aussagen und Vermutungen, der Migration und der Haltung der Krim-Bewohner betreffend.

1. EINLEITUNG 5
   1.1. FRAGESTELLUNG 6
   1.2. STRUKTUR UND VORGEHENSWEISE 6

2. THEORETISCHE FUNDIERUNG 7
   2.1. DIE MENSCHLICHE WAHRNEHMUNG BEI RUDOLF STEINER 7
   2.2. DIE MENSCHLICHE WAHRNEHMUNG BEI BEAU LOTTO 9
   2.3. FORSCHUNGSSTAND 12
      2.3.1. Forschungsstand in der Primärliteratur 12
      2.3.2. Forschungsstand in der Sekundärliteratur 14

3. WAHRNEHMUNG POLITISCHER PROZESSE AM BEISPIEL DER ANNEXION DER KRIM DURCH RUSSLAND 16
   3.1. HISTORISCHER KONTEXT DER UKRAINE 16
      3.1.1. Historie des Landes 16
      3.1.2. Die Zeit nach der Auflösung der Sowjetunion 18
      3.1.3. Die Ukraine-Krise 2014 20
   3.2. DIE KRIM 22
      3.2.1. Demografie 22
      3.2.2. Die Angliederung an Russland 2014 24
   3.3. WAHRNEHMUNGEN DER KRIM-BEWOHNER ZU ZEITEN DER ANGLIEDERUNG 26
      3.3.1. Forschungsstand und Herausforderungen 26
      3.3.2. Auswertung der Umfragen 28

4. RUSSLANDBERICHTERSTATTUNG IN DEN DEUTSCHEN MEDIEN ... 31
   4.1. DAS HISTORISCHE RUSSLANDBILD DER DEUTSCHEN 32
   4.2. DAS RUSSLANDBILD IN DEN DEUTSCHEN MEDIEN 34
   4.3. GEGENWÄRTIGE VORURTEILE UND STEREOTYPE GEGENÜBER RUSSLAND 36

5. *DAS NARRATIV DES SPIEGEL IM VERGLEICH MIT DEM GUARDIAN* 38
   5.1. BEGRÜNDUNG DER AUSWAHL DER BEIDEN ZEITUNGEN 39
      5.1.1. Der Spiegel 39
      5.1.2. The Guardian 40
   5.2. DIE NARRATIVE 42
      5.2.1. Definition des Begriffs „Narrativ" 42
      5.2.2. Das Narrativ des Spiegel 42
      5.2.3. Das Narrativ des Guardian 46
      5.2.4. Analyse und Interpretation der Untersuchung 49

6. FAZIT 51

7. LITERATURVERZEICHNIS 53

HINWEIS:

Aus Gründen der besseren Lesbarkeit wird auf die gleichzeitige Verwendung männlicher und weiblicher Sprachformen verzichtet. Sämtliche Personenbezeichnungen gelten gleichermaßen für beiderlei Geschlecht.

1. Einleitung

„Der intelligente Weg, Menschen passiv und fügsam zu halten, besteht darin, die Breite der akzeptablen Überzeugungen strikt einzugrenzen, jedoch innerhalb dieser Grenzen eine sehr lebhafte Debatte zu erlauben. (...)Das gibt den Menschen den Eindruck, dass freies Denken möglich ist, während die ganze Zeit die Vorannahmen des System bestärkt werden durch die Grenzen, die der Debatte gesetzt sind"(Mitschka o. J.). Dieses Zitat des US-amerikanischen Linguisten und Autors Noam Chomsky, beschreibt in zutreffender Art und Weise die Grenzen des demokratischen Diskurses. Wer außerhalb der definierten Vorannahmen argumentiert, läuft schnell Gefahr diffamiert zu werden. Einen ähnlichen Diskurs erlebte man in Deutschland vor rund vier Jahren, als Russland im Zuge der Umwälzungen in der Ukraine die Krim annektierte. Das auf der Krim im März 2014 durchgeführte Referendum, in welchem rund 96% der Krim-Bewohner für den Anschluss an Russland stimmten, ist bis heute international nicht anerkannt(vgl. Stein u. a. 2017:206). Als Reaktion auf die Geschehnisse kam es zu einer Flut von Artikeln in den westlichen Medien, die Putin den Verstoß gegen das Völkerrecht vorwarfen und die Angliederung der Krim zur Russischen Föderation als einen „neo-imperialen Akt" bezeichneten(vgl. O A 2014a). Auf politischer Ebene wurden die Geschehnisse als ein Verstoß gegen die Souveränität und die territoriale Integrität der Ukraine gewertet. Angela Merkel bezeichnete das Vorgehen Russlands als „verbrecherisch". Die damalige US-Außenministerin Hillary Clinton verglich Putins Handlungen mit jenen Adolf Hitlers zu Zeiten Nazideutschlands(vgl. Fried 2015). Als Folge wurde Russland die geplante Ausrichtung des G8 Gipfels(Treffen der „großen" acht Weltwirtschaftsnationen) in Sotschi untersagt und es kam zum Ausschluss Russlands aus den G8. Seitdem wird Russland von der EU, den USA und anderen westlichen Staaten scharf sanktioniert.

Gegenwärtig ist das Thema immer wieder Gegenstand politischer Debatten. Der Fraktionsvorsitzende der FDP, Christian Lindner, äußerte in einem Interview, dass man die Krim als „dauerhaftes Provisorium" ansehen müsse, um mit dem Kreml an anderen Stellen Fortschritte zu erzielen. Er erläuterte, dass „Sicherheit und Wohlstand in Europa (…) von den Beziehungen zu Moskau abhängen"(vgl. Hebel 2017). Hierfür erntete er heftige Kritik, auch durch Angela Merkel. Der aktuelle politische Stand ist, dass die USA die Angliederung weiterhin nicht gewillt sind anzuerkennen. Der aktuelle US-amerikanische Außenminister Mike Pompeo forderte Russland unlängst dazu auf, die Besatzung der Halbinsel zu beenden. In einem Statement des Weißen Hauses hieß es: „Wir erkennen Russlands Versuch, die Krim zu annektieren, nicht an"(Zeit Online 2018).

1.1. Fragestellung

In der vorliegenden Arbeit wird versucht, eine Antwort auf folgende zwei Fragen zu finden: Inwiefern stimmen die Wahrnehmungen der Bewohner der Krim mit den Urteilen und Einschätzungen der Medien überein? Und wie wird die Angliederung der Krim von westlichen Medien interpretiert? Hierbei möchte ich untersuchen, ob es so etwas wie eine Diskrepanz zwischen der veröffentlichten Meinung der Medien und der öffentlichen Meinung der Krim-Bewohner gibt. Des Weiteren werde ich versuchen zu analysieren, wie die Deutungsmuster der westlichen Medien in Bezug auf die Annexion der Krim aussehen. Ich werde untersuchen, ob es so etwas wie ein einheitliches Narrativ gibt und hierfür exemplarisch Artikel des *Spiegel* und Spiegel-Online auswerten und diese mit Artikeln aus dem *Guardian* und *TheGuardian.com* vergleichen.

1.2. Struktur und Vorgehensweise

Zunächst werde ich die theoretischen Grundlagen für die Beantwortung der Fragestellungen erläutern. Hierbei werde ich mich zunächst in Kapitel Zwei auf die Wahrnehmungstheorie des deutschen Philosophen Rudolf Steiner beziehen und diese mit den wissenschaftlichen Erkenntnissen des US-amerikanischen Neurologen Beau Lottos vergleichen. Darüber hinaus möchte ich den aktuellen Forschungsstand zur Annexion der Krim wiedergeben. Im dritten Kapitel werde ich die Wahrnehmungen der Krim-Bewohner in Bezug auf deren Verhältnis zu Russland, zur Ukraine und zum Referendum untersuchen. Davor werde ich noch eine historisch-kontextuelle Einordnung der Ukraine und der Krim vornehmen. Daraufhin werde ich die Russlandberichterstattung in den deutschen Medien skizzieren bevor ich im letzten Kapitel die Narrative des *Spiegel* und des *Guardian* analysieren und vergleichen werde.

2. Theoretische Fundierung

Im Folgenden werde ich anhand zweier Werke die unterschiedlichen Auffassungen zur menschlichen Wahrnehmung darlegen. Ich werde hierbei an einem klassischen Beispiel aus der Philosophie von Rudolf Steiner und dessen zentralem Werk, der „*Philosophie der Freiheit*", eine Auffassung wiedergeben, die teilweise diametral zu heutigen Ansichten steht. Aus diesem Grund wird demgegenüber die Veröffentlichung des US-amerikanischen Neurowissenschaftlers Beau Lotto gestellt, „*Anders sehen*", worin die menschliche Wahrnehmung in erster Linie auf kognitiv-biologische Ursachen zurückgeführt wird. Doch zunächst widme ich mich dem klassischen Werk des deutschen Philosophen, Esoterikers und Begründers der Anthroposophie Rudolf Steiner.

2.1. Die menschliche Wahrnehmung bei Rudolf Steiner

Rudolf Steiner erläutert im vierten Kapitel „*Die Welt als Wahrnehmung*" aus seinem Hauptwerk der „*Philosophie der Freiheit*", dass erst durch das Denken Begriffe und Ideen entstehen. Das Denken ist also der Ausgangspunkt und es steht vor der Begriffs-und Ideenwelt. Erst durch das Denken wird dem Subjekt klar, dass es ein Geräusch als Wirkung wahrnimmt, weshalb es sich anschließend auf die Suche nach der Ursache desselben begibt. Das menschliche Bewusstsein kommt dann ins Spiel, wenn „Begriff und Beobachtung einander begegnen und miteinander verknüpft werden"(Steiner 2017:68). Dem Bewusstsein kommt also die Vermittlerrolle zwischen dem Denken und dem Beobachten zu. Der Mensch betrachtet den Gegenstand als das Objekt und sich selbst als das denkende Subjekt, welches über den Prozess des Denkens auf das Objekt ein Bewusstsein seiner selbst entwickelt(vgl. ebd.:68). Steiner führt aus, dass der Mensch sich erst als ein Subjekt aufgrund der Fähigkeit zu denken wahrnimmt und erläutert die Entstehung des Bewusstseins. Der Mensch sei zunächst durch „Nichts" in die Welt gekommen und ist auf die „Empfindungsobjekte" angewiesen, die ihm die Welt gibt. Diese seien sowohl Farbe, Töne (...) als auch Lust und Unlustgefühle (vgl. ebd.:70) Diese „Empfindungsobjekte" sind Teil der „gedankenlosen" Beobachtung. Erst durch das Denken werden diese Sinneseindrücke miteinander verknüpft und in ein Verhältnis gebracht. Es spiele denn auch eine wichtige Rolle, von welcher Perspektive eine Sache beobachtet wird, denn „es ist für eine Allee ganz gleichgültig, wo ich stehe. Das Bild aber, das ich von ihr erhalte, ist wesentlich davon abhängig"(vgl. ebd.:73). Er stellt also fest, dass es eine Abhängigkeit zwischen meinem gegenwärtigen „Bild der Wahrnehmung" und dem Beobachtungsort gibt. Steiner stellt die Behauptung auf, dass alle Objekte meiner Wahrnehmung erst durch diese zur Realität werden und verschwinden, sobald sich diese auflöst (vgl. ebd.:76). Es sei jedoch auch wichtig zu verstehen, dass sich unsere „Betrachtung von dem Objekt der Wahrnehmung auf das Subjekt derselben ableitet"(ebd.:77). Der Mensch nimmt dementsprechend bei der Beobachtung aller Objekte auch stets sich selber wahr. Er ist also bei der Beobachtung eines Baumes nicht nur der Beobachtende, sondern er „weiß auch, dass *[er] es [ist]*, der ihn sieht"(ebd.:77). Nach der Wahrnehmung eines Objektes bleibt zunächst ein Bild in ihm haften, das sich mit ihm selbst verbunden hat. Er habe daher eine *Vorstellung* des Objektes gewonnen. Steiner beschreibt den menschlichen Prozess des Wahrnehmens und erläutert, dass sich „mit jeder Wahrnehmung auch *dessen* Inhalt ändert", weshalb die Beobachtung eines Gegenstandes immer mit der eigenen Zustandsveränderung in Zusammenhang gebracht werden müsse. Erst dann kann der Mensch von seiner Vorstellung sprechen(vgl. ebd.:78).

Rudolf Steiner differenziert im Prozess der Wahrnehmung drei Schritte: Zunächst wird ein äußeres Objektes wahrgenommen von dem im Mensch ein Bild haften bleibt, welches sich mit ihm selbst verbunden hat. Hierbei bleibt im nächsten Schritt die Vorstellung des Objektes in ihm bestehen. Auf diese zwei Schritte folgt die Erkenntnis, dass der Mensch über die Eigenwahrnehmung den Anteil seines Selbst am Wahrnehmungsprozess schlechthin integriere und er erst dann von seiner Vorstellung sprechen kann.

Rudolf Steiner bezeichnet die Gegenstände, die der Mensch von außen wahrnimmt, als Außenwelt und den „Inhalt meiner Selbstwahrnehmung" als Innenwelt (vgl. ebd.:78). Er nimmt auch Bezug auf die Physiologie des Menschen, die für den äußeren Prozess der Sinneseindrücke verantwortlich sei. Hierbei betont er jedoch, dass es auf dem Weg vom äußeren Reiz bis zum Bewusstsein eine hohe Anzahl von Umwandlungen gebe(vgl. ebd.:83). Am Ende dieses Wahrnehmungsprozesses ergeben sich keine physiologischen Gehirnvorgänge sondern lediglich Empfindungen. Er beschreibt dies am Beispiel der Betrachtung der Farbe Rot. Hierbei habe die Empfindung der Farbe nur wenig mit dem Vorgang im Gehirn zu tun (vgl. ebd.:84). Steiner erläutert die Entstehung von Farben, die von ihm als Projektion der Seele an einen äußeren Körper verstanden wird:

> Sie (die Farbe) entsteht erst durch die Wechselwirkung des Auges mit dem Gegenstand. Dieser ist also farblos. Aber auch im Auge ist Farbe nicht vorhanden, denn da ist ein chemischer oder physikalischer Vorgang vorhanden, der erst durch den Nerv zum Gehirn geleitet wird, und da einen anderen auslöst. Dieser ist noch immer nicht die Farbe. Sie wird erst durch den Hirnprozess in der Seele hervorgerufen. Da tritt sie mir noch immer nicht ins Bewusstsein, sondern wird erst durch die Seele nach außen an einen Körper verlegt. An diesem glaube ich sie endlich wahrzunehmen. Wir sind uns eines farbigen Körpers bewusst geworden (ebd.:85).

Steiner setzt den Prozess der Wahrnehmung in engen Zusammenhang mit dem Seelenleben des Menschen. Er beschreibt den Prozess des „naiven Menschen" der erkannt hat, dass die Wahrnehmung keinerlei „objektiven Bestand" habe, sondern eine „Modifikation seiner seelischen Zustände" sei(vgl. ebd.:86).

Steiner bezieht sich in seinem Werk auch auf Arthur Schopenhauer, der in seinem zentralen Werk *Die Welt als Wille und Vorstellung* die Auffassung vertritt, dass der Mensch sich darüber bewusst wird, „dass er keine Sonne kennt und keine Erde; sondern immer nur ein Auge, das eine Sonne sieht, eine Hand, die eine Erde fühlt(...)"(ebd.:91). Steiner kritisiert diese Haltung, mit dem Hinweis, dass auch die Hand und das Auge wiederum nur Wahrnehmungen seien, genauso wie die Sonne und die Erde.

Die Auffassungen Steiners können für seine Zeit als fortschrittlich beschrieben werden, da einige zeitgenössische Philosophen die Ansicht vertraten, dass menschliche Wahrnehmungen Illusionen seien(Lindenberg 2015: 98). Steiner betont, dass im Grunde genommen alles menschliche Wissen auf die Sinne zurückzuführen sei und das die Negierung dergleichen der eigenen Argumentation den Boden entziehe.

2.2. Die menschliche Wahrnehmung bei Beau Lotto

Der US-amerikanische Neurowissenschaftler Beau Lotto befasst sich in seinem Buch *Anders sehen. Die verblüffende Wissenschaft der Wahrnehmung*[1] mit neuen Erkenntnissen aus der Neurowissenschaft bezüglich der menschlichen Wahrnehmung.

---

[1] Der Titel des Buches lautet im englischen Original: *Deviate: The Science of Seeing Differently*

Lotto erläutert gleich zu Beginn des Buches, dass die Frage nach dem Verhältnis von Wahrnehmung und Realität schon von vielen Philosophen gestellt worden sei und entsprechend viele unterschiedliche Antworten auf der Metaebene gegeben wurden. Wie beispielsweise Immanuel Kant, der argumentierte, dass der Mensch zur objektiven Realität keinen Zugang habe. Doch nun sei es so weit, dass der Mensch dank der Neurowissenschaft endlich Antworten auf diese Fragen finden könne und diese lauten: „wir sehen die Realität nicht"(vgl. Lotto 2018: 15). Dies führt Lotto darauf zurück, dass die menschlichen Sinne ständigen Verirrungen augesetzt seien und daher kein objektives Bild der Realität wiedergeben könnten. So schreibt er zu Beginn des dritten Kapitels, dass der Mensch niemals Zugang zur Realität habe, „weil die Informationen, die das Gehirn über die Sinne erhält, an und für sich bedeutungslos sind" (ebd.: 98). Die Sinne hätten generell nur eine Rolle „wie die Tastatur eines Computers" für den Menschen, seien also lediglich ein Werkzeug, „mit dessen Hilfe die Informationen aus der Welt in unser Gehirn getragen werden"(vgl. ebd.:16). Die von den Sinnen übermittelten Eindrücke seien nichts weiter als „Energie und Moleküle" und unser Gehirn weist diesen Eindrücken eine gewisse Bedeutung zu, die mit der Sache an sich jedoch nichts zu tun habe. Das Gehirn ist also dazu da, um den alltäglichen Dingen Bedeutung zu verleihen, den Kern des Dinges kann es jedoch nicht erfassen. Lotto verwendet, um diese Logik zu verdeutlichen, das Beispiel eines Gedichtes, welches erst Bedeutung erhält, wenn es von einem Menschen interpretiert wird(vgl. ebd.: 72).

Die wichtigste Komponente für die Wahrnehmung spiele also das Gehirn, welches über Nervenverbindungen mit den Sinnesorganen verbunden sei und die zentrale Schaltstelle für die Übermittlung von Sinneseindrücken bilde. Warum dies so ist, erklärt er am Beispiel des Auges: Während des Sehprozesses werden durch die Nervenverbindungen nur 10% vom Auge an das Gehirn weitergeleitet, der Rest kommt aus anderen Bereichen des Gehirns(vgl. ebd.: 16). Mit diesen 90% beschäftigt sich Lotto in erster Linie in seinem Buch.

Als weiteren wichtigen Teil unserer Wahrnehmung beschreibt Lotto die individuell erlebte Geschichte und die menschliche Anpassung. So erwähnt er, dass der Mensch auf Grund der vergangenen Erfahrungen mit seinen Sinneswahrnehmungen für das Heute und die Zukunft gewappnet sei. Denn unser Gehirn sei nicht viel mehr als Geschichte, „eine physische Manifestation unserer Vergangenheit mit der Kapazität, sich an eine neue „zukünftigen Vergangenheit" anzupassen(vgl. ebd.: 102). Durch diese ständige Anpassung an die Umwelt kann der Mensch überleben und das Gehirn gewährt ihm dabei wichtige Hilfestellungen. Bei derartigen Prozessen verfolgen, wie Lotto ausführt, alle Menschen nur ein Ziel: das überleben(vgl. ebd.:113). Um dieses Ziel zu erreichen, konzentriere sich das Gehirn vor allem auf eines: der Anpassung an die Umwelt. Diese Anpassung findet in drei Schritten statt, kurzfristig über das Erlernen neuer Dinge, mittelfristig über die Entwicklung der Organe und langfristig über die Veränderung der Merkmale(vgl. ebd.:120).

Des Weiteren erklärt Lotto, dass die menschliche Wahrnehmung immer vom Kontext abhängt, in dem das Objekt betrachtet würde. So erklärt er anhand eines Beispiels aus Frankreich, nach der Zeit der Revolution um 1815, wie dort der Chemiker Michel Chevreul von König Ludwig XVIII beauftragt wurde, die Gobelins (Wandteppiche, mit kunstvollen Stickereien) zu erneuern, weil diese von der Kundschaft als qualitativ mangelhaft bezeichnet wurden. Der Chemiker Chevreul machte sich von nun an die Aufgabe herauszufinden, was mit den Stoffen nicht in Ordnung sei. So begann er Wollproben aus verschiedenen Fabriken aus der ganzen Welt zusammenzutragen und zu vergleichen. Den einzigen Unterschied, den er feststellen konnte, war, dass die Qualität der französischen Gobelins gleichwohl die Beste gewesen sei. Nach längerer Forschung kam er zu dem Ergebnis, dass es wohl lediglich die Wahrnehmung der Kunden von den Farben sei und wie sehr diese Farben Kontraste bildeten. Er veränderte daraufhin die Farbzusammenstellungen der Gobelins, woraufhin sich auch die Verkaufszahlen wieder erhöhten(vgl. ebd.: 138). Lotto erklärt hierbei, dass die menschliche Wahrnehmung immer davon abhänge, in welchem Kontext wir etwas wahrnehmen. In diesem Fall erläutert er, dass die wahrgenommene Farbe außerhalb unseres Kopfes stattfinde und dass sie stets von den umgebenden Farben beeinflusst werde(vgl. ebd.:139).

Resümee:

Rudolf Steiner und Beau Lotto unterscheiden sich in ihren Auffassungen bezogen auf die menschliche Wahrnehmung deutlich. Sie weisen zwar beide daraufhin, dass es keine objektive Realität geben kann, begründen dies jedoch unterschiedlich. Während Lotto die Ansicht vertritt, dass alle menschlichen Wahrnehmungen auf die neuronalen Verbindungen im Gehirn zurückzuführen sind vertritt Steiner die Position, dass die menschlichen Wahrnehmungen auf die Sinneswahrnehmungen und das Denken zurückzuführen seien. Für Menschen ist es also nach Lotto und Steiner nicht möglich objektiv zu beurteilen, inwiefern die geäußerten Wahrnehmungen auch den Tatsachen entsprechen. Dies gilt natürlich auch für die Bewertung politischer Entwicklungen und die Zustimmung zu politischen Ereignissen. Es kommt immer auf die „Werkzeuge" des Betrachters, dessen Vorerfahrungen und dessen innewohnendem Wertesystem an. Unter diesen Gesichtspunkten müssen auch die Ausarbeitungen zur Wahrnehmung der Krim-Bewohner und zum Narrativ westlicher Medien gelesen werden.

2.3. Forschungsstand

Aufgrund der Tatsache, dass die Angliederung der Krim an Russland erst viereinhalb Jahre her ist (18.3.2014), findet sich die entsprechende Fachliteratur vor allem in wissenschaftlichen Journals und Internetblogs wieder. Sie beschäftigen sich größtenteils mit rechtlichen und politischen Fragen der Angliederung und beleuchten den Konflikt. Zu unterscheiden ist hierbei zwischen Veröffentlichungen westlicher Journalisten und jener Journalisten, die für russische Medien arbeiten. Gleiches gilt auch für die Untersuchungen auf wissenschaftlicher Ebene; zumeist werden die Ereignisse auf der Krim unter rechtlichen Aspekten betrachtet. Hierzu werden auch die historischen Kontexte oftmals in Betracht gezogen und der Konflikt dem gesamtpolitischen Gefüge zugeordnet.

Ich werde nun exemplarisch an einigen Beispielen aufzeigen, wie die jeweiligen Positionen und Auffassungen hierzu aussehen. Im nun Folgenden möchte ich bezüglich des Forschungsstandes zwischen Primär – und Sekundärliteratur[2] unterscheiden und die jeweiligen nennenswerten Publikationen aufführen.

2.3.1. Forschungsstand in der Primärliteratur

Zur Zeit der Angliederung wurde in überdurchschnittlich hohem Maß über die Ereignisse vor Ort berichtet. Das Ereignis war von überaus hoher politischer Brisanz

---

[2] Die Primärliteratur bezieht sich in erster Linie auf Quellen, die aus erster Hand stammen und keinerlei wissenschaftlicher Ausarbeitung unterliegen. Diese können sein: Originaltexte, Datensammlungen, Briefe, Zeitungsartikel etc.. Die Sekundärliteratur bezieht sich auf wissenschaftliche Ausarbeitungen zu einem gewissen Themenkomplex und verarbeitet hierbei Quellen oder Primärliteratur.

und im Kontext der Ukrainekrise der nächste Schritt in der Eskalationsspirale. Erwähnenswert war zu dieser Zeit sicherlich die Publikation des Hamburger Rechtswissenschaftlers Reinhard Merkel, der in einem Artikel in der *Frankfurter Allgemeinen Zeitung* die rechtliche Dimension der Annexion beleuchtete(vgl. Merkel 2014) und zu abweichenden Ergebnissen von jenen der Bundesregierung und großen Teilen der Mainstreammedien kam. Er spricht sich in diesem Artikel dafür aus, dass man nicht mit zweierlei Maß messen dürfe und dass die Annexion zwar gegen die Verfassung der Ukraine, jedoch nicht gegen das Völkerrecht verstieße. So erläutert Merkel:

> *Was auf der Krim stattgefunden hat, war etwas anderes: eine Sezession, die Erklärung der staatlichen Unabhängigkeit, bestätigt von einem Referendum, das die Abspaltung von der Ukraine billigte. Ihm folgte der Antrag auf Beitritt zur Russischen Föderation, den Moskau annahm. Sezession, Referendum und Beitritt schließen eine Annexion aus, und zwar selbst dann, wenn alle drei völkerrechtswidrig gewesen sein sollten. Der Unterschied zur Annexion, den sie markieren, ist ungefähr der zwischen Wegnehmen und Annehmen. Auch wenn ein Geber, hier die De-facto-Regierung der Krim, rechtswidrig handelt, macht er den Annehmenden nicht zum Wegnehmer. Man mag ja die ganze Transaktion aus Rechtsgründen für nichtig halten. Das macht sie dennoch nicht zur Annexion, zur räuberischen Landnahme mittels Gewalt, einem völkerrechtlichen Titel zum Krieg.* (ebd. 2018).

Demgegenüber steht die Auffassung des Schweizer Völkerrechtsexperten Urs Saxer, der im Gegensatz zu Merkel zu dem Ergebnis kommt, dass es sich um eine völkerrechtswidrige Annexion handelt. Er begründet dies mit der Verletzung der Souveränität und der territorialen Integrität der Ukraine sowie dem Gewaltverbot der UNO (United Nations Organization), welches Russland durch die Stationierung von Soldaten auf der Krim missachtet habe(vgl. Saxer 2014). Saxer führt aus, dass Russland die Möglichkeit gehabt hätte,

> *die Krim-Frage einschließlich in der Frage der staatlichen Zugehörigkeit auf die internationale Agenda zu setzen, zum Beispiel im Rahmen der OSZE oder von Uno-Gremien. Stattdessen setzt sich die Kreml-Führung über diplomatische Optionen hinweg und betreibt – von langer Hand vorbereitet – den Anschluss der Krim entgegen dem Willen der Ukraine, indem sie in Anwesenheit eigener Truppen hastig ein improvisiertes Referendum durchführen ließ. Damit missachtet Russland die Souveränität, die territoriale Integrität sowie die politische Einheit der Ukraine. Die Präsenz russischer / russisch gesteuerter Truppen, ursprünglich gedeckt durch ein Stationierungsabkommen, mutiert so zur militärischen*

Bedrohung und Besatzung, was das Gewaltverbot der Uno-Charta, eine Zentralnorm des internationalen Systems, verletzt. (ebd.)

In den Reihen der deutschen Massenmedien herrscht fast einhellig die Meinung vor, dass es sich um eine illegale Landnahme handelt, die gegen das Völkerrecht verstößt (von Marshall 2014: vgl. Umland 2014). Artikel hierzu sind zahlreich erschienen, vor allem zum Zeitpunkt der Annexion überschlugen sich die Meldungen.

2.3.2. Forschungsstand in der Sekundärliteratur

In den wissenschaftlichen Ausarbeitungen bezüglich der hier angesprochenen Thematik sind die Arbeiten noch auf einzelne Sammelheftbeiträge, Veröffentlichungen in wissenschaftlichen Journals oder fachspezifischen Zeitschriften beschränkt. Aufgrund der zeitlichen Nähe ist hierzu noch nicht sonderlich viel veröffentlicht worden. Es ist bisher viel mehr ein mediales Ereignis gewesen, das sich über die Meinung der verschiedenen Autoren Aufmerksamkeit verschaffen hat. Erwähnenswert sind sicherlich die Veröffentlichungen in den *„Blätter[n] für deutsche und internationale Politik"* sowie die Perspektive westlicher und russischer Wissenschaftler.

Spannend sind hier die Ausführungen des deutschen Politikwissenschaftlers August Pradetto, der sich in seinem Artikel *„Die Krim, die bösen Russen und der empörte Westen"* über die Doppelmoral des Westens beklagt und diesem unterstellt, die Einbindung Russlands in die westliche Gemeinschaft verpasst zu haben(vgl. Pradetto 2014: 73). Auf der anderen Seite bezeichnet er das Vorgehen Russlands auf der Krim dennoch als völkerrechtswidrig und führt auf, dass es wichtig sei, dies auch so zu benennen(vgl. ebd.:73). Nichtsdestotrotz ist seine Haltung bezüglich der russischen Außenpolitik bemerkenswert: Er betont, dass die Ausbreitung der Nato bis an die Grenze zu Russland gegen die Versprechungen des ehemaligen US-amerikanischen Außenministers James Baker sei. Dieser hatte einst in einer Rede vor dem Kreml gesagt, dass sich die Nato keinen „Inch" Richtung Russland ausbreiten würde und das es nicht im Interesse der Nato sei, sich über die Grenze der ehemaligen DDR Richtung Russland auszudehnen. (vgl. ebd: 74). Dass die Nato nun 25 Jahre nach diesen Versprechungen sich bis an die Grenze Russlands ausgedehnt hat, sieht Pradetto durchaus problematisch(vgl. ebd.:74). Auch die Einstellung, geltendes Recht ständig zu brechen, jedoch von anderen zu fordern, sich an dieses zu halten, ist in seinen Augen Folge der Selbstgerechtigkeit des Westens(vgl. ebd.: 75). Zum Ende seines Artikels schlägt er einen Kompromiss zwischen der EU und Russland vor: Russland solle die territoriale Integrität der Ukraine gewähren, während die EU Russland zusichert, dass die Ukraine nicht der Nato beitritt. Nur durch einen solchen Kompromiss könne es langfristig betrachtet zu Frieden und Sicherheit in der Ukraine kommen (vgl. ebd. 77).

Demgegenüber stehen die Ansichten des Kiewer Professors für Internationales Recht Oleksandr Merezhko, der in seinem Essay *„Crimea's Annexation by Russia – Contradictions of the New Russian Doctrine of International Law"* in erster Linie die Verstöße Russlands gegen das Völkerrecht betont und auf die territoriale Integrität der Ukraine und die Unverletzbarkeit der Grenzen der Ukraine hinweist(vgl. Merezhko 2015:167). Er erläutert anhand historischer Beispiele, weshalb Russland (damals noch als Sowjetunion) schon immer dazu tendierte, gegen geltendes Recht zu verstoßen. Als Beispiel nennt er den Umgang mit Estland, das bis 1991 Teil der Sowjetunion war und nach deren Auflösung selbständig war. Russland erkannte dies jedoch nicht an, was auch in Moldawien der Fall war. Der Autor schließt daraus, dass Russland sich widersprüchlich verhält und internationales Recht nicht achtet(vgl. ebd.: 176). Er erläutert in seinen Ausführungen auch die Rechtfertigungen Russlands zur Legitimierung der Angliederung. Auf die Argumentation Russlands, es habe sich nicht um eine Annexion, sondern um eine Sezession gehandelt, erwidert er mit Bezug auf die Auffassungen eines russischen Professors für internationales Recht, der sich wie folgt äußert: *„Seperatism should be viewed as an illegal phenomenon if it is based upon contradicting the international law aspiration and corresponding activities of a population of the given territory to secede from a state or to join the other state"* (ebd.:180). Auch das Kernargument der russischen Regierung, dass dem Selbstbestimmungsrecht der Völker mit dem Referendum Genüge getan wurde, weist Merezhko zurück. Er erläutert, dass die Annexion ein Bruch des internationalen Rechts sei, ob dies jedoch auch gleichzeitig als ein Bruch des Völkerrechts zu sehen ist, erläutert er nicht. Im Unterkapitel *„Crimea's Annexation and the Right of Self-Determination"* führt er aus, dass die Abspaltung gegen die Verfassung Russlands und der Ukraine verstoße und das die ukrainische Verfassung derartige Aktionen als Straftat beurteile(vgl. ebd.: 184).

3. Wahrnehmung politischer Prozesse am Beispiel der Annexion der Krim durch Russland

Im nun folgenden Kapitel möchte ich zunächst den historischen Kontext der Ukraine und die soziodemographische Gliederung der Krim erläutern und daraufhin die seit 2014 ausgebrochene Ukraine-Krise beschreiben. Im letzten Unterkapitel werde ich Umfragen und Aussagen der Krim-Bewohner zur Zeit der Annexion untersuchen und versuchen herauszufinden, wie dieser Prozess der politischen Urteilsbildung der Bewohner zu erklären ist und welche Herausforderungen es im Zusammenhang mit dem aktuellen Stand der Forschung gibt. Zunächst jedoch möchte ich die vielschichtige Geschichte der Ukraine skizzieren.

3.1. Historischer Kontext der Ukraine

3.1.1. Historie des Landes

Die Geschichte der Ukraine ist durch ständigen Wandel und eine Vielfalt der Bewohner geprägt. Auf die simple Frage seit wann es „die" Ukraine gibt, fällt die Antwort nicht leicht, darin spiegelt sich womöglich die aktuelle Problematik des Landes wider. Ein kurzer Blick in die Geschichte des Landes lohnt zum Verständnis des gegenwärtigen Konfliktes: Die ersten nachweisbaren Bewohner waren der Nomadenstamm der Skythen, die sich im 8./7. Jahrhundert v. Chr. in der heutigen Südukraine niedergelassen haben. Nach dem Untergang der Skythen siedelten sich die Sarmaten in der Region an, welche Handelsbeziehungen nach China pflegten. Bis heute gibt es deshalb einige Ukrainer und Polen, die Abstammungslinien mit diesem Nomadenstamm haben(vgl. Kubicek 2008:19). Die Wurzeln der heutigen Ukraine liegen in erster Linie in den Ursprüngen der slawischen Völker, genauer genommen den Ostslawen. Im 7. Jahrhundert n. Chr. besiedelten jene das heutige Polen und die Westukraine(vgl. ebd. 2008:19). Von dort aus breiteten sie sich in alle Landesrichtungen aus wobei ihre Sprache in drei Untergruppen geteilt war: westslawisch (woraus sich polnisch und tschechisch entwickelte), südslawisch und ostslawisch, welches die Wurzel für das heutige Ukrainisch und die russische Sprache war(vgl. ebd.:19). Im Jahre 882 entsteht der „Kiewer Rus", welcher als die Geburtsstunde der Ukraine gilt und unmittelbar mit der Gründung des Russischen Reiches verbunden ist(vgl. Quiring 2013). Es ist bis heute ungeklärt beziehungsweise in der Wissenschaft umstritten, auf wen die Gründung dieses für jene Zeit fortschrittlichen und multiethnischen Reichs zurückzuführen ist[3]. Der Nationenbegriff „Russland" ist jedenfalls auf diese Zeit zurückzuführen; die meisten Russen bezeichnen Kiev daher als „die Mutter der russischen Städte"(Kubicek 2008:27).

Nach dem Zerfall des Reiches durch den Einfall der Mongolen im 12. Jahrhundert n. Chr. wurde die „Ukraine"[4] ab dem 14. Jahrhundert Teil von Polen-Litauen bis zur „Befreiung" durch Russland 1648 und dem darauffolgenden Anschluss an das Russische Reich 1654(vgl. Kappeler 2014). Zu diesem gehörten sie bis zur Oktoberrevolution 1917/1918. Nach dem Zusammenbruch Österreich-Ungarns und dem Ende des Ersten Weltkrieges, bildete sich kurzzeitig eine Westukrainische Volksrepublik(vgl. Quiring 2013). 1922 fiel die Ukraine unter die Herrschaft Josef Stalins. Ende der zwanziger Jahre und Anfang der dreißiger Jahre gingen aufgrund der Stalinschen Kollektivierungspolitik Millionen Menschen elend zu Grunde. Während des Zweiten Weltkrieges geriet der westliche Teil des Landes unter deutsche Herrschaft während der andere Teil im Osten auf der Seite der Roten Armee kämpfte(vgl. Kappeler 2014). Diese Zeit war vor allem geprägt von der Verfolgung von Juden und Polen sowie der Deportation von Zwangsarbeitern aus der Ukraine in das Deutsche Reich. Nachdem Zweiten Weltkrieg wurde die Ukraine Teil der Sowjetunion. Die Krim, welche bis dahin Bestandteil der Russischen Föderation war, im Jahre 1954. Sie wurde hierbei in einem sowjetinternen Verwaltungsakt, an die Ukraine geschenkt(vgl. Kubicek 2008:113). Im Zuge der Auflösung der Sowjetunion wurde die Ukraine am 24. August 1991 unabhängig und ist seitdem ein eigenständiger, souveräner Staat(vgl. Kappeler 2014).

Vor diesem historischen Hintergrund ist es durchaus verständlich, dass es bis heute vielen Russen, sowohl in Russland als auch in der Ukraine, schwer fällt, die Ukraine als einen eigenständigen, unabhängigen Staat zu betrachten. Vor allem die Bestrebungen,

---

[3] Um den Rahmen dieser Arbeit an dieser Stelle nicht zu sprengen, sei hier lediglich darauf verwiesen, dass es sowohl ukrainische als auch russische Wissenschaftler gibt, die jeweils davon ausgehen, dass es „ihr" Stamm war, der für die Gründung des „Kiewer Rus" verantwortlich ist. Es ist bis heute Teil der Debatte um die Entstehung der beiden Staaten(vgl. Kappeler 2014; Kubicek 2018).

[4] Bis ins 17. Jahrhundert existierte die Bezeichnung „Ukraine" respektive „Ukrainer" noch nicht. Das damalige Ethnonym für die dort lebenden Menschen war „Rus" oder „Rusyn". Die geographische Zuordnung als „Ukraine" taucht zum ersten Mal im 12. Und 13. Jahrhundert auf. Im 17. Jahrhundert wird der Begriff zunächst mit den Dnjepr-Kosaken in Verbindung gebracht bevor erstmals während des Ersten Weltkrieges einzelne Nationalstaaten als ukrainisch bezeichnet wurden. Seit der Unabhängigkeit 1991 wird sie vollständig als „Ukraine" bezeichnet(vgl. Kubicek 2018).

Teil der Nato zu werden, sehen viele als einen „Verrat" an der gemeinsamen Geschichte und den Wurzeln des Landes an.

3.1.2. Die Zeit nach der Auflösung der Sowjetunion

Nach der Unabhängigkeit der Ukraine waren 1991 noch 22 Prozent der Gesamtbevölkerung ethnische Russen, wobei der Großteil im Süden, vor allem aber im Osten des Landes lebte. Auf der Krim lag der Anteil der Russisch Sprechenden sogar bei 67 Prozent(vgl. Dorner & Spreen 1998). Der erste Präsident des ehemaligen Sowjetstaates, Leonid Krawtschuk, erklärte gleich zu Beginn seiner Präsidentschaft, dass er die russische Minderheit in seinem Land akzeptieren werde und sie auf keinen Fall diskriminiert wird. Die Krim erklärte sich 1992 für unabhängig und hatte ab 1995 offiziell den Status als autonome Republik innerhalb der Staatsgrenzen der Ukraine(vgl. Heintze 2016:124). Im Jahre 1994 wurde Leonid Kutschma Präsident des Landes. Er galt lange als Hoffnungsträger im Westen, weil er versprach das Land zu demokratisieren und gleichzeitig die Verbindungen zu Russland aufrechtzuerhalten. So trat die Ukraine 1995 dem Europarat bei und schloss zwei Jahre später einen Freundschaftsvertrag mit Russland(vgl. Kappeler 2014). Der Beitritt zur EU wurde von ihm lange als strategisches Ziel bezeichnet, er betonte jedoch auch stets, dass die guten Beziehungen zu Russland dadurch nicht gefährdet werden dürfen. Nach dessen Amtszeit kam es im Jahr 2004, dem Jahr der „Orangenen Revolution" zum Wahlkampf zwischen Viktor Janukowitsch und Viktor Juschtschenko, auf den während des Wahlkampfes ein Giftanschlag verübt worden ist. Die Wahlen mussten aufgrund der Vermutung von Wahlfälschung[5] wiederholt werden(vgl. Kasper 2011). Wie *Der Spiegel* 2005 unter dem Titel „Revolutions-GmbH" berichtete, waren wohl amerikanische NGO's wie „Freedom House" und das amerikanischen Außenministerium finanziell[6] und ideell an den Protesten der pro-westlichen Kräfte beteiligt(vgl. Flottau u. a. 2005).

---

[5] Viktor Janukowitsch wurde zunächst als Wahlsieger bekannt gegeben, als jedoch ans Licht kam, dass es zu Wahlfälschungen kam und Juschtschenko fast tödlich vergiftet wurde, kam es zu den Protesten die als „Orangene Revolution" in die Geschichte des Landes eingingen und im Gegensatz zu den Protesten auf dem Maidan 2014 friedlich verliefen und keine Toten zur Folge hatte(vgl. Kappeler 2014).

[6] Laut einem Bericht der *Zeit*, sollen mindestens 65 Millionen US-Dollar aus den USA für den Wahlkampf Juschtschenkos geflossen sein.

Unter dem neuen Präsidenten wurden neue außenpolitische Prioritäten gesetzt: Der baldige Beitritt zur Europäischen Union und die Mitgliedschaft in der NATO. Die Zusammenarbeit mit Russland und dessen Plan einer Eurasischen Wirtschaftsunion wollte Juschtschenko nach Möglichkeit zu Fall bringen(vgl. Kunze & Vogel 2016:174). Darüber hinaus drohte Juschtschenko während des Georgienkrieges 2008, den Vertrag bezüglich der Krim, der Grundlage der Stationierung der russischen Schwarzmeerflotte war, nicht zu verlängern. Die gleichzeitig laufenden Nato-Beitrittsverhandlungen scheiterten 2008 nur knapp und hinterließen tiefes Misstrauen in Moskau. Für Moskau war klar, dass eine Öffnung gen Westen nur dann akzeptabel war, wenn auch gleichzeitig die Interessen und die Beziehungen zu Russland berücksichtigt werden. Gleichzeitig schaffte Juschtschenko es nicht, die Korruption wie versprochen zu bekämpfen und zu allem Überdruss sank die Wirtschaftskraft des Landes rapide ab. Er kam daher bei der Präsidentschaftswahl 2010 gerade einmal auf 5,4 Prozent der Wählerstimmen. Die Wahl gewann sein politischer Widersacher aus 2004, Viktor Janukowitsch knapp vor Julia Timotschenko mit 49 Prozent der Stimmen(vgl. ebd.:173). Er verkündete bereits in seiner Antrittsrede, dass die Ukraine eine „Brücke zwischen Ost und West" darstellen solle und machte klar, dass die Ukraine in absehbarer Zeit der Nato nicht beitreten werde(vgl. Beyme 2017).

In den nächsten Jahren war das Land unter seiner Regie darauf ausgerichtet, die Brückenpolitik zwischen der EU im Westen und Russland im Osten auch umzusetzen. So wurden die Gespräche mit der EU über das Assoziierungsabkommen weiter fortgesetzt. Gleichzeitig wurde der Vertrag über die Verpachtung des russischen Flottenstützpunktes in Sewastopol auf der Krim bis 2042 verlängert(vgl. Beyme 2017:89). Darüber hinaus wurde neben den Verhandlungen mit der Europäischen Union auch mit Russland über einen Beitritt zur Zollunion mit Kasachstan und Weißrussland verhandelt. Dies wurde von westlichen Politikern mit einem kritischen Auge betrachtet, da diese vermuteten, dass Putin über diese Union die Grenzen der Sowjetunion wiederherstellen wolle(vgl. Krone-Schmalz 2015:132). Laut Umfragen waren etwa 57 Prozent der Ukrainer für einen Beitritt zur EU und nur knapp ein Drittel sprachen sich für die Zollunion aus(vgl. Beyme 2017:89). Der damalige EU-Kommissionspräsident Barrosso erläuterte 2011, dass eine Mitgliedschaft der Ukraine in der EU mit einer Mitgliedschaft in der Zollunion nicht vereinbar sei, -eine Meinung, die von einigen EU-Parlamentariern übernommen worden ist(vgl. Schneider-Deters 2014:541). Der damalige russische Präsident Dmitri Medwedew erklärte daraufhin, dass gleiches auch für die Zollunion gelte. Die Unterzeichnung des EU-Assoziierungsabkommen war daher mit hohem politischem Druck verbunden, weshalb Janukowitsch die Unterzeichnung mit Blick auf die schwerwiegenden Folgen für sein Land und der Sicherheitslage in Europa absagte.

3.1.3. Die Ukraine-Krise 2014

Ein weiterer Faktor, weshalb das Assoziierungsabkommen letztendlich nicht unterschrieben worden ist, kann auch gewesen sein, dass Russland in die Verhandlungen kaum miteinbezogen worden ist. So resümierte der Politikwissenschaftler Herfried Münkler in einem Interview mit dem *Stern*: „Das Assoziierungsabkommen mit der Ukraine ohne Einbezug Russlands, zumindest ohne Rücksicht auf Russland, zu verhandeln, war eine Dummheit"(Hoidn-Borchers & Vormbäumen 2014). Nach den gescheiterten Verhandlungen kam es noch am gleichen Abend zu ersten spontanen Demonstrationen auf dem Maidan in Kiew, die innerhalb der nächsten Wochen immer mehr Zulauf bekamen. Bald formierte sich wohl rund eine Million Menschen um gegen die Entscheidung der Regierung zu protestieren. Gleichzeitig kam es im Osten der Ukraine (in Charkiw und Donezk) zu Protesten, wobei die dortigen Demonstranten die Entscheidung der Regierung begrüßten(vgl. Wertheimer u. a. 2017). Während der Demonstrationen auf dem Maidan hielten auch immer wieder Europapolitiker und US-amerikanische Politiker Reden und Ansprachen, welche inhaltlich die Position eines EU-Beitritts der Ukraine stärkten. Der frühere US-amerikanische Politiker und mittlerweile verstorbene John McCain aber auch der ehemalige deutsche Außenminister Guido Westerwelle setzten sich direkt vor Ort für eine Westanbindung der Ukraine ein(vgl. Kunze & Vogel 2016:175). Die Proteste spitzten sich immer weiter zu und auch die Beteiligung von Demonstranten, die dem rechten Lager angehören, wurde immer größer. Zu Beginn des Jahres 2014 verschärfte sich die Situation zusehends und wurde von blutigen Ausschreitungen und mehr als hundert Toten, davon 16 Polizisten auf dem Maidan überschattet. Wer für die Schüsse verantwortlich ist, ist bis heute[7] nicht geklärt(vgl. Wertheimer u. a. 2017). Angesichts der immer bedrohlicher werdenden Proteste floh Janukowitsch am 22. Februar 2014

---

[7] Stand: 17.09.2018.

nach Russland und das Parlament erklärte ihn noch am gleichen Tag für abgesetzt. Die Legalität des Verfahrens muss jedoch angezweifelt werden, da es nach der ukrainischen Verfassung hierfür einer dreiviertel Mehrheit bedurfte, welche nicht erreicht worden ist[8](vgl. Beyme 2017:89). Formal betrachtet, handelte es sich also um einen Verfassungsbruch. Der damalige US-amerikanische Präsident Barack Obama gab in einem Interview mit dem CNN im Nachhinein zu, dass es „einen Deal zur Machtübergabe" gegeben habe(vgl. Zakaria 2015). Nach der Absetzung Janukowitschs kam es zu ersten militärischen Auseinandersetzungen im Osten der Ukraine (vor allem in den Regionen Luhansk und Donezk), die bis heute andauern und die sogenannten „pro-russischen Separatisten" hierbei von Russland mit Waffen beliefert werden.

Zur Frage, wer hinter den Umbrüchen in der Ukraine steht, erschien ein bemerkenswertes, geleaktes Video[9] der damaligen US-amerikanischen Staatssekretärin Victoria Nuland, in welchem diese in einem privaten Telefonat mit dem US-amerikanischen Botschafter in Kiew, Geoffrey Pyatt zum Ausdruck brachte, dass Arsenij Jazenjuk „unser Mann" sei(vgl. Butenschön u. a. 2017). Jener Arsenij Jazenjuk wurde später Ministerpräsident unter Petro Poroschenko. Es muss also davon ausgegangen werden, dass die USA Interesse an einer Absetzung Janukowitschs hatten und diese womöglich aktiv unterstützt haben. Wie diese Unterstützung jedoch genau aussah, kann (noch) nicht gesagt werden; dafür gibt es bislang keine sicheren Belege. Die Aussagen von Barack Obama und Victoria Nuland, lassen jedoch misstrauisch stimmen. Das aktuelle Kabinett besteht auf jeden Fall zum großen Teil aus Nato-Befürwortern. Der ehemalige Nato-Generalsekretär Anders Fogh Rasmussen erklärte im August 2014, dass die Ukraine, wenn sie die Voraussetzungen erfülle, Nato-Mitglied werden könne(vgl. AFP 2014).

---

[8] Es stimmten im Parlament nur 72,8% für eine Absetzung. 75% wären nötig gewesen(vgl. Beyme 2017:89)

[9] Link zum Video: https://www.youtube.com/watch?v=CL_GShyGv3o&frags=pl%2Cwn.
Das Video war vor allem brisant, weil Nuland die zögerliche Haltung der EU in der Ukraine kritisierte und dies zum Ausdruck brachte in dem sie sagte:„Fuck the EU".

3.2. Die Krim

In dem jährlich erscheinenden Bericht „Freedom in the World" der US-amerikanischen Nichtregierungsorganisation „Freedom House", erhielt die Krim 2018 den Status „Not Free" mit 9 von 100 möglichen Punkten. Damit liegt sie hinter Kuba, dem Iran und gleich auf mit dem vom der Nato zerstörten Libyen(vgl. Freedom House 2018). Die Krim liegt auch deutlich hinter der Ukraine (62/100, „Partly Free"), die in der Rangliste der Pressefreiheit von „Reporter ohne Grenzen" den 101 von 180 Plätzen belegt und die Reporter dem Land die Verschleppung „pro-russischer" Journalisten vorwirft und die Inszenierung eines Mordes an einem Journalisten(vgl. Reporter ohne Grenzen 2018). Die Methoden der Untersuchung der NGO beruhen in erster Linie auf westlichen Maßstäben und lassen ein Bild entstehen, in dem fast alle westlichen Staaten als „Free" bewertet werden und gleichzeitig fast alle afrikanischen und asiatischen Länder als „Not Free" oder „Partly Free". Diese Sichtweise spiegelt in Teilen auch die Haltung der deutschen Medien in Bezug auf die Krim wider, die immer wieder betonen, dass die Bürger auf der Krim unfrei seien und verängstigt sind, aufgrund der politischen Situation und den Repressionen aus Moskau(vgl. Timtschenko 2015).

Im Folgenden möchte ich zunächst die demografische Situation der Halbinsel beschreiben, bevor ich die Hintergründe der Angliederung an Russland erläutere.

3.2.1. Demografie

Die Krim galt lange Zeit als das „Nizza der Ukraine" und sie ist vor allem als Urlaubsort und Touristenmagnet bekannt. Durch ihre südliche Lage, den mediterranen Temperaturen und den verhältnismäßig günstigen Preisen, ist die Halbinsel ein sehr beliebtes Touristenziel. Sie war zur Zeit des Zarenreiches vor allem ein Urlaubsziel reicher russischer Zarenfamilien und Aristokraten. Zur Zeit der Sowjetunion wurde die Krim zum Urlaubsparadies der Arbeiterklasse, die dort ihren Sommer verbrachte(vgl. Sasse 2018). Vor der Eroberung unter Katharina der Großen 1783 war sie jahrhundertelang unter krimtatarischer und osmanischer Herrschaft, was jedoch in der russischen Geschichtsschreibung wenig Beachtung findet[10](vgl. ebd.). Die historischen und gegenwärtigen Verbindungen der Krim zu Russland lassen sich jedoch nicht negieren. Dies zeigt sich schon an der demografischen Situation der Halbinsel, denn laut einer Volkszählung aus dem Jahr 2014 sind rund 63% der dort lebenden Menschen Russen. Nur rund 16% sind ukrainischen Ursprungs wobei den kleinsten Teil die sogenannten Krimtataren ausmachen, welche rund 12% der Gesamtbevölkerung der Krim darstellen(vgl. Bundeszentrale für politische Bildung 2015). Russischsprachig sind von den rund 1,85 Millionen Einwohnern circa 1,5 Millionen, 60.000 sprechen ukrainisch und rund 250.000 sprechen Krim-Tatarisch oder Tatarisch. Ein Großteil der Bewohner ist also russischsprachig (über 81%)(vgl. ebd.).

Seit der Angliederung an Russland im Frühjahr 2014 sind die Krimtataren ständigen Anfeindungen und Diskriminierungen ausgesetzt. Dies ist darauf zurückzuführen, dass zur Zeit des 15. Jahrhunderts die Krimtataren ein für ihre militärischen und organisatorischen Fähigkeiten gefürchtetes Volk waren, welche als Schutzmacht das Osmanische Reich im Hintergrund hatte. Zu Beginn des 15. Jahrhunderts standen sie im Konflikt mit dem damaligen Russland und drangen 1571 nach Moskau vor, wobei sie die ganze Stadt niederbrannten(vgl. Kappeler 2008:47). Die Krimtataren galten, beziehungsweise gelten bis heute zum Teil noch als „grausame Räubergesellen", die aus Habgier und Barbarei christliche Siedler überfielen(vgl. ebd.:48). Diese in der russischen Gesellschaft tief verankerten Vorurteile und die Furcht, sie würden die deutschen Truppen als Befreier begrüßen, waren auch ein Grund, weshalb die Krimtataren während des Zweiten Weltkrieges unter Stalin nach Zentralasien und Westsibirien deportiert wurden. Rund ein Drittel aller deportieren Tataren kamen zu dieser Zeit ums Leben(vgl. Halbach 2014). Nach dem Zerfall der Sowjetunion gab es auf der Krim Bestrebungen unabhängig zu werden. Diese wurde jedoch von der ukrainischen Zentralregierung unterdrückt; als Kompromiss gab man ihr einen autonomen Status innerhalb der Staatsgrenzen der Ukraine(vgl. ebd.). Seit der Angliederung and Russland 2014 sind die Tataren wieder stärkeren Anfeindungen ausgesetzt. In erster Linie deshalb, weil sich ein Großteil der Tataren gegen die Vereinigung mit Russland ausgesprochen hat und sich auch die führende Partei, die „Medschlis" gegen die

---

[10] Das russische Narrativ der „russischen Krim" bezieht sich vor allem auf die Zeit ab 1783. Der daher von russischen Politikern immer wieder betonte historische Anspruch der Krim ist ein simplifizierter Ausdruck, der nicht den historischen Tatsachen der Halbinsel entspricht.

Abspaltung gestellt hat. Seitdem werden Mitglieder der Partei ständig durchsucht und überwacht und der Anteil der Tataren, die seit der Angliederung die Krim verlassen haben, ist beträchtlich gestiegen(vgl. ebd.).

3.2.2. Die Angliederung an Russland 2014

In Folge der Umstürze in der Ukraine und der illegalen Absetzung des Präsidenten Viktor Janukowitsch, kam es auf der Krim am 27. Februar 2014 zu einem Machtwechsel. Das Parlamentsgebäude wurde von bewaffneten Kräften besetzt und die russische Fahne am Parlamentsgebäude gehisst. Der Ministerpräsident wurde noch am gleichen Tag vom Parlament abgesetzt. Die Rechtmäßigkeit muss auch hier angezweifelt werden, zumal Journalisten jeglicher Zugang verwehrt wurde und auch die tatsächliche Anwesenheit der Abgeordneten, lassen den getroffenen Beschluss fragwürdig erscheinen(vgl. Heintze 2014:157). Daraufhin wurde ein Referendum für den 16. März angekündigt, in welchem mit 96,6 Prozent für den Anschluss an die Russische Föderation gestimmt wurde bei einer angeblichen Wahlbeteiligung von 82 Prozent(vgl. ebd.:57). Zwei Tage später wurde die Krim und Sewastopol in einem feierlichen Akt in Moskau in die Russische Föderation eingegliedert. Die Antwort des Westens sah so aus, dass man zunächst auf politischer Ebene die Angliederung der Krim als eine „Annexion" bezeichnete und die westlichen Politiker nicht müde wurden zu betonen, dass derartige Brüche des Völkerrechts im 21. Jahrhundert nicht hinzunehmen sind(vgl. Kruse 2014). Der damalige US-amerikanische Außenminister John Kerry sagte gar, dass man sich im 21. Jahrhundert nicht so verhält wie im 19. Jahrhundert, „indem man auf Basis frei erfundener Gründe in ein anderes Land einmarschiert"(vgl. O A 2014). EU und USA beschlossen auf jeden Fall als Reaktion auf die Angliederung und der militärischen Unterstützung der sogenannten Separatisten in der Ostukraine, Russland mit Wirtschaftssanktionen zu bestrafen. Gerade die Sanktionen der EU gegen die Krim, gleichen dem Wirtschaftsembargo der USA gegen Kuba. Fast alle Handelsbeziehungen zwischen den Ländern der EU, jegliche Banktransaktionen und Transportverbindungen wurden auf Eis gelegt. Nicht einmal die europäischen Airlines dürfen die Krim anfliegen(vgl. de Waal 2015).

Die Argumentation westlicher Politiker und der EU ist hierbei, dass die Angliederung der Krim gegen die territoriale Integrität sowie gegen die Souveränität der Ukraine verstößt und darüber hinaus ein Verstoß gegen das Gewaltverbot der UNO sei(vgl. Heintze 2014:161f.). Ein weiterer Vorwurf, vor allem der ukrainischen Regierung, war dass während des Referendums russische Soldaten anwesend gewesen sein sollen, um die Durchführung zu gewährleisten. Sie wurden hinterher vor allem in den deutschen Medien, immer wieder als „grüne Männchen" bezeichnet(vgl. Rothenberg 2015). Laut der Darstellung Putins sicherten sie lediglich das Referendum ab, indem sie das ukrainische Militär blockierten und so Blutvergießen verhinderten[11](vgl. Rötzer 2017). Auch die Angliederung wird nicht als Annexion gesehen, da die Moskauer Administration die Auffassung vertritt, dass dem Selbstbestimmungsrecht der Völker Genüge geleistet worden sei und dem Mehrheitswille der Krim-Bevölkerung nachgegangen worden sei(vgl. Hofbauer 2016). Inwiefern es sich rechtlich um eine Annexion handelt, ist auf jeden Fall umstritten(vgl. Kapitel 2.3).

Nach der Angliederung kam es immer wieder zu Stromausfällen und Wasserknappheit, da die ukrainische Regierung die Wasserlieferungen einstellte und die Stromversorgung aussetzte. Die Versorgung der Bewohner der Krim wurde daraufhin durch Russland im Wesentlichen sichergestellt. Vor der Angliederung erhielt die Krim noch 85 Prozent der Wasserlieferungen aus der Ukraine. Diese wurden nun durch den Bau von mehreren Wasserwerken und der Inbetriebnahme von Stauseen ersetzt(vgl. Kusznir 2018). Gleiches gilt auch für die Stromversorgung der Halbinsel. Das wohl prestigeträchtigste Projekt war die Eröffnung der Krim-Brücke im Mai 2018, die seitdem mit 19 Kilometern die längste Brücke Europas ist, rund drei Milliarden Euro gekostet hat und die Krim mit dem russischen Festland verbindet(vgl. ebd.). Das Ziel Russlands ist es, die Krim unabhängig von der Ukraine zu machen und sie zu einer der wirtschaftlich dynamischsten Regionen Russlands zu machen. Hierfür hat Russland ein Programm entwickelt, welches Investitionen von über zwölf Milliarden Euro bis 2020 vorsieht. Der ursprüngliche Plan die Investitionen privaten Investoren zu überlassen, ist aufgrund der Sanktionen nicht umsetzbar gewesen(vgl. ebd.).

---

[11] Der damalige ukrainische Interimspräsident Olexandr Turtschinow hat im Juni 2014 bestätigt, dass die Regierung in Kiew einen schriftlichen Schießbefehl gegeben hat. Die Soldaten der ukrainischen Armee haben den Befehl jedoch verweigert und nicht auf ihre eigenen Landsleute geschossen. Es muss davon ausgegangen werden, dass diese Information auch an den Russischen Präsidenten weitergetragen worden ist(vgl. Timtschenko 2015).

3.3. Wahrnehmungen der Krim-Bewohner zu Zeiten der Angliederung

„Die Vereinigten Staaten und die Europäische Union, die den Krim-Beitritt zu Russland nicht anerkennen wollen, versuchen die „Krimer" „vor sich selbst zu retten". (...)Eine Umfrage nach der anderen zeigt, dass die Einheimischen einig sind: das Leben mit Russland ist besser als das Leben mit der Ukraine"[12](Rapoza 2015). Dieses Zitat aus einem Artikel des Forbes-Magazins beschreibt mit Nachdruck die mehrheitliche Ansicht der Krim-Bewohner, dass sie mit dem Anschluss zur Russischen Föderation zufrieden sind. Wer jedoch die Medien zu diesem Thema verfolgt, gewinnt immer wieder den Eindruck, die Abspaltung habe zuwider den Interessen der Krim-Bevölkerung stattgefunden.

Im nun Folgenden möchte ich darstellen inwiefern die Bewohner der Krim die Abspaltung ihrer Region erlebt haben und ob die Wahrnehmungen und Urteile der Bewohner mit der medial veröffentlichten Realität übereinstimmen. Hierzu werde ich verschiedene Umfragen von westlichen und russischen Instituten auswerten, die zur Zeit der Angliederung und in den Folgejahren Umfragen unter den Bürgern der Krim durchgeführt haben.

3.3.1. Forschungsstand und Herausforderungen

Im Zuge der Angliederung der Krim und den daraufhin verhängten Sanktionen, gewann das Thema auf politisch-gesellschaftlicher sowie medialer Ebene immer mehr an Aufmerksamkeit. Daher stieg auch das öffentliche Interesse an der zuvor politisch eher bedeutungslosen Krim. Einige Medien gaben zu der Zeit Umfragen bei den entsprechenden Meinungsforschungsinstituten in Auftrag, um ein Abbild des Meinungsbildes der Bewohner darstellen zu können. In Bezug auf die Angliederung der Krim gab es jedoch auch einige privat in Auftrag gegebenen Umfragen, die nur bedingt transparent sind. Eine davon wurde von der Gesellschaft für Konsumforschung (GfK) im

---

[12] Das vorliegende Zitat wurde vom Verfasser dieser Arbeit übersetzt.

Frühjahr 2015 durchgeführt und ist auf eigene Nachfrage hin[13] repräsentativ, weshalb ich mich auf sie beziehen werde. Des Weiteren verwende ich eine Umfrage des renommierten, nichtstaatlichen Pew Research Center (PRC) aus den USA, welche kurz nach der Angliederung eine Umfrage veröffentlichte, die womöglich ein Bild widerspiegeln, das den realen Bedingungen vor Ort am nächsten kommt. Eine weitere bemerkenswerte Studie veröffentlichte im November 2017 das unabhängige „Zentrum für Osteuropa – und internationale Studien" (ZOiS), das auf Initiative des Deutschen Bundestages ins Leben gerufen worden ist und seit Oktober 2016 seine Arbeit aufgenommen hat(vgl. Rötzer 2017). Die Studie ist sehr ausführlich und ermöglicht interessante Einblicke in das aktuell vorherrschende Stimmungsbild auf der Krim. Zu guter Letzt möchte ich auch den russischen Blickwinkel mit einbeziehen, weshalb ich dank der Übersetzung der Bundeszentrale für politische Bildung aus einem Zusammenschluss kleiner russischer Forschungsinstitute zitiere, welches sich die „Offene Meinung" nennt(im russischen Original: Otkrytoe Mnenie).

Durchaus problematisch in diesem Zusammenhang ist die politische Lage auf der Krim, die in erster Linie von Verunsicherung und ständigem Wandel gekennzeichnet ist. Von vielen deutschen Medien werden die Bürger der Krim als verängstigt beschrieben, da gegen die Medschlis, die politische Vertretung der Krimtataren, ein Verbotsverfahren läuft und eine Vielzahl der Krim-Bewohner die Halbinsel anscheinend bereits verlassen hat(vgl. Dornblüth 2016). In einer vom Lewada-Zentrum durchgeführten Umfrage auf der Krim, erklärte Ende 2015 rund ein Viertel, dass sie Angst hätten ihre Meinung zur aktuellen Lage zu äußern(vgl. Bundeszentrale für politische Bildung 2016). Aus diesem Grund werden viele Umfragen kritisiert und in Frage gestellt, die These ist hierbei: „Die korrekte Untersuchung eines sich permanent im Wandel befindenden Sozialobjektes ist unmöglich"(ebd.). Es ist daher nicht zu klären in wie weit die Befragten ehrlich antworteten und die Aussagen womöglich einfach nur dem erwünschten Narrativ entsprechen. Die nun vorliegende Untersuchung muss also in Anbetracht dieser sozialpolitischen Hintergründe gelesen werden.

---

[13] In einem Telefonat vom 26.9.2018 wurde mir mündlich bestätigt, dass die Umfrage repräsentativ ist. Die Ergebnisse beziehe ich aus einem Artikel des MDR, der die Umfrage 2015 veröffentlicht hat(vgl. Timtschenko 2015)

3.3.2. Auswertung der Umfragen

Das Pew Research Center führte am 7. Mai 2014, also knapp sechs Wochen nach der Angliederung eine Umfrage in der Ukraine und der Krim durch mit der Fragestellung: „Sollte die Regierung in Kiew die Ergebnisse in Kiew anerkennen?". Hierbei stimmten in der Ukraine 57% dagegen und 30% dafür. Auf der Krim stimmten 88% dafür und nur 4% dagegen(vgl. Pew Research Center 2014). Dies ist ein erstes deutliches Anzeichen dafür, dass die Mehrheit der Krim-Bewohner dafür plädierte sich von der Ukraine abzuspalten. Zum Vergleich: Der Abspaltung stimmten rund sechs Wochen vorher 96% zu, ähnlich viele also. In einer weiteren Studie der Gesellschaft für Konsumforschung (GfK) von Februar 2015 kommt diese zu einem ähnlichen Ergebnis. Die Bewohner wurden gefragt, ob die Krim zu Russland gehören solle. 82% bejahten mit uneingeschränkter Unterstützung, 11% waren für eine Unterstützung mit Vorbehalt und 4% lehnten den Beitritt ab(vgl. Timtschenko 2015). Auch hier tritt wieder hervor, dass die klare Mehrheit der Krimbevölkerung den Beitritt zu Russland befürwortete. In einer Umfrage des Meinungsforschungsinstitut „Offene Meinung" aus Russland, welche vom 9. bis 18. Juni 2016 durchgeführt worden ist, sind ebenfalls interessante Resultate zu beobachten[14]. Die regionale Komponente („Ich bin ein Einwohner meiner Region, der Krim") ist wesentlich ausgeprägter als die Identifikation mit dem Land („Ich bin Einwohner Russlands")(vgl. Bundeszentrale für politische Bildung 2016). Dies ist wohl in erster Linie darauf zurückzuführen, dass sich die Selbstwahrnehmung der Bürger in einem Wandel befindet, der auf die veränderte Staatszugehörigkeit zurückzuführen ist. Bezüglich der Migration ist laut der Studie zu beobachten, dass die nationale Struktur der Bevölkerung stabil bleibt, abgesehen von einem kleinen Teil, der sich als Ukrainer sieht (vgl. ebd.). Auf die Fragen nach Selbstbestimmung konnten auch in dieser Studie rund zwei Jahre nach dem Referendum keine bedeutenden Veränderungen beobachtet werden. Die Befragten befürworten auch zu diesem Zeitpunkt, trotz der scharfen Sanktionen und den ständigen Versorgungsproblemen, das Verbleiben in der Russischen Föderation. Eine kritischere Haltung den Veränderungen gegenüber haben die Krimtataren, wobei die Hälfte derer, also ca. 6%, angaben, sehr unzufrieden mit der Situation vor Ort zu sein(vgl. ebd.). Diese durchaus differenzierte Studie legt dar, dass nicht wie medial immer wieder verbreitet die Migration rapide zugenommen hätte,

---

[14] In der Aufführung der Untersuchungsergebnisse hat die Bundeszentrale für politische Bildung leider zumeist keine genauen Zahlen genannt. Es kann daher lediglich das bereits verfasste als Paraphrase wiedergegeben werden.

sondern die Bevölkerungsstruktur stabil bleibt. Spannend zu beobachten ist der Anteil der „sehr unzufriedenen" Krimtataren, knapp 50%. Die Berichte hierüber spiegeln also ein reales Bild der Lage vor Ort wider.

In einer Studie des „Zentrum für Osteuropa - und Internationale Studien" (ZOiS), die im Frühjahr 2017 mit 1800 Befragten durchgeführt worden ist und im November 2017 veröffentlicht wurde, sind erstmalig Ergebnisse entstanden, die in ihrer Breite und Tiefe bisher einmalig sind. Ich werde hier nicht alle Resultate erläutern sondern lediglich die für die Untersuchung wesentlichen. Bezüglich der Migrationsabsichten beantworteten 78,8% der Befragten auf die Frage ob Teile ihrer Familienmitglieder die Krim verlassen hätte mit „Nein". 21,2% beantworteten diese Frage mit „Ja"(vgl. Sasse 2017, S.6f.). 89,8% denken auch nicht darüber nach die Krim zum Zeitpunkt der Umfrage zu verlassen. Im nächsten Themenblock, der Zufriedenheit und der Identität der Bewohner geben 90,1% der Krimtataren und 67,8% der restlichen Einwohner an, dass sie nicht gerne in einem anderen EU-Land leben würden(vgl. ebd., S.8). Interessant ist hierbei, dass sich fast alle Krimtataren sehr stark ihrer Heimat verbunden fühlen. Dies ist wohl darauf zurückzuführen, dass sie die ursprünglichen Einwohner der Halbinsel sind(vgl. Kapitel 3.2.1). Aber auch der restliche Teil der Bevölkerung scheint ein sehr stark ausgeprägtes Identitätsbewusstsein zu besitzen. Bezüglich der Staatsangehörigkeit gaben 79,9% an russische Bürger zu sein, 13,3% sehen sich als „krymchanin" („Krimer") und 3% als Ukrainer. Darüber hinaus bezeichnen sich 67,8% als ethnischer Russe/in, 7,5% Ukrainisch und 11,7% als Krimtatarisch. 79,7% geben an Russisch zu sprechen, 2,7% Ukrainisch und 8,7% sprechen Krimtatarisch(vgl. ebd., S.8f.). Diese Statistik zeigt, dass ein Großteil der Krim-Bewohner starke Verbindungen nach Russland hat. Sei es die Sprache oder das Zugehörigkeitsgefühl, in beiden Punkten überwiegt die Identifikation mit Russland. Dies bestätigt sich auch im Vertrauen in die staatlichen Behörden. Hierbei geben 1454 der 1800 Befragten an in erster Linie dem Russischen Präsidenten, Wladimir Putin, zu vertrauen und in zweiter Instanz dem Russischen Militär(1254/1800). Am wenigsten Vertrauen herrscht gegenüber den lokalen Behörden(348/1800)(vgl. ebd., S.18). Auch dies bestätigt die vorher getroffene Aussage. Die Ergebnisse zur Befragung des Referendums gleichen quasi den vorher schon erläuterten Resultaten. So gaben 78,8% an, dass sie dasselbe wie im Referendum von 2014 wählen würden, 2,4% würden anders wählen und 7,9% gaben an, dass sie nicht abgestimmt hätten. 4,1% würden sich enthalten und 6,8% wollten nicht antworten.

Auch die Krimtataren antworteten mit 49,2%, dass sie erneut die gleiche Wahl treffen würden(vgl. ebd., S.18). Interessant ist hierbei nicht unbedingt, dass auch drei Jahre danach immer noch die große Mehrheit dem Anschluss an Russland zustimmen würde. Viel mehr ist hierbei der Prozentsatz derjenigen interessant, die angaben nicht abgestimmt zu haben, sich zu enthalten oder nicht antworten zu wollen(=18,8%). Dieser entspricht fast genau der Wahlbeteiligung des Referendums 2014, die bei 83,1% lag (laut der ausgewerteten Umfrage würden sich erneut 81,2% beteiligen). In den Medien wurde die hohe Wahlbeteiligung immer wieder angezweifelt.

Die Studie des ZOiS belegt in beeindruckender Art und Weise, dass die Bürger der Krim sehr wohl den Mut dazu haben, ihre politischen Ansichten zu äußern. Die Studie lässt auch in Zweifel ziehen, dass die Bürger der Krim tatsächlich derartig verunsichert und verängstigt sind, wie es oft zum Ausdruck gebracht wird. An der Umfrage der „Offenen Meinung" beteiligten sich laut dem sogenannten „Kooperationskoeffizienten" anderthalb Mal mehr als dies bei landeswesweiten Telefonumfragen üblich ist(vgl. Bundeszentrale für politische Bildung 2016). Was die medial vermittelte Realität angeht, lässt sich festhalten, dass bezüglich der Auswanderung immer wieder Aussagen getroffen werden, die nachweislich falsch sind. Bezogen auf die wirtschaftliche Situation und die Zufriedenheit der Bürger ist oftmals davon die Rede, dass die Krim-Bewohner unzufrieden seien und unter den Sanktionen leiden würden. Selten wird hierbei erwähnt, dass Russland in die Region bis 2020 zwölf Milliarden Euro investieren möchte(vgl. Kapitel 3.2.2) und das Durchschnittseinkommen deutlich über dem der Ukraine liegt(vgl. O A 2017). Am wenigsten kommt jedoch die hohe Zustimmungsrate zum Referendum und zur russischen Administration zu Wort. Die Sichtweise Russlands, dass die Loslösung der Krim mit dem Volkswillen der Bewohner in Einklang steht, ist nach der Auswertung der Umfragen bestätigt und es kann festgehalten werden, dass zumindest einem wesentlichen Teil des Völkerrechtes genüge getan wurde; dem Selbstbestimmungsrecht der Völker.

4. Russlandberichterstattung in den deutschen Medien

„Was wir über unsere Gesellschaft, ja über die Welt, in der wir leben, wissen, wissen wir durch die Massenmedien"(Luhmann 1996:8). Mit diesem Zitat des Soziologen Niklas Luhmann beschreibt dieser die überaus hohe Deutungshoheit der Medien und deren Macht, den Massen ein gewisses Bild der Realität zu vermitteln, welches ihren Vorstellungen und Ansichten entspricht. Dass innerhalb der Gesellschaft die Tendenz dazu vorherrscht, diese Meinungen mehr oder weniger ungeprüft zu übernehmen, ist mittlerweile nachgewiesen(vgl. Neuber 2013:25). Andererseits haben die Medien auf Grund ihrer hohen Deutungsmacht eine gewisse Verantwortung der Gesellschaft gegenüber, der sie mit einer möglichst objektiv-sachlichen Berichterstattung nachkommen sollten. Das dies nicht immer der Fall ist, lässt sich am Beispiel der Russlandberichterstattung zeigen. So ist nach Ansicht von Kohla in diesem Fall die Berichterstattung von Vorurteilen und Stereotypen geprägt(vgl. Kohla 2011).

Eine Forsa-Umfrage aus dem Jahr 2007 zeigte, dass 84 Prozent der Deutschen davon ausgehen, dass das deutsche Russlandbild von Vorurteilen beherrscht sei und 49 Prozent gaben zu wissen, dass über Russland weder objektiv noch zutreffend berichtet werde(vgl. Forsa Institut 2007:2). Eine Studie des Instituts für Demoskopie Allensbach aus dem Jahr 2015 zeigt, dass sich acht Jahre später die Situation, nach Ausbruch der Ukraine-Krise, das Russlandbild der Deutschen wesentlich verändert hat. Bei der Umfrage gaben nur noch zehn Prozent der Befragten an, dass Russland ein zuverlässiger Partner sei und sogar 55 Prozent der Deutschen sehen Russland als Gefahr an(vgl. Institut für Demoskopie Allensbach 2015:7). Die Folge davon ist, dass immer mehr Menschen der Auffassung sind, dass man sich von Russland distanzieren sollte und auch die diplomatischen Beziehungen neu überdacht werden müssten.

Ich möchte nun im folgenden Kapitel skizzieren, wie sich dieses Russlandbild in den Medien entwickelt hat und hierzu einen kurzen historischen Überblick geben, bevor ich die aktuell vorherrschenden Stereotypen in den deutschen Medien darstelle.

4.1. Das historische Russlandbild der Deutschen

„Ich fürchte nicht, dass das russische Volk an Hunger sterben könnte, denn Gott selbst ernährt es mit seiner ewigen Liebe"(Reichwein 2017). Dieses Zitat des deutschen Dichters und Lyrikers Reiner Maria Rilke aus dem Jahr 1900 zeigt, welche Faszination das russische Reich schon damals unter Teilen der deutschen Poeten ausgelöst hat. Auch Thomas Mann und Friedrich Nietzsche galten als große Bewunderer Russlands. So bezeichnete letzterer Russland als die „einzige Macht (...) die noch etwas versprechen kann" und im Gegensatz sei „zu der erbärmlichen europäischen Kleinstaaterei und Nervosität"(Herzinger 2014). Unter der deutschen Bevölkerung wurden diese Zuschreibungen historisch gesehen nur sehr geringfügig übernommen. So war zwar die Ostpolitik vom ausgehenden 17. Jahrhundert in erster Linie auf Russland fixiert, doch schon damals waren unter der Bevölkerung starke Vorurteile und Stereotype gegenüber Russland verbreitet. So verbanden große Teile der Bevölkerung noch überaus positive Bilder mit Alexander I., der 1813 Napoleon besiegte und als „Befreier Europas" gefeiert wurde(vgl. Geyer 1986). Sein Nachfolger Nikolaj I., der die revolutionären Bewegungen in Europa unterdrückte und sich für den Erhalt der Monarchie einsetzte, galt den Liberalen und Demokraten als Inbegriff der Despotie und der Reaktion(vgl. ebd.). So etablierte sich unter dessen Herrschaft zunehmend das Bild des nach Expansion strebenden Russlands, welches sich möglicherweise auch die deutschen Staaten zueigen machen könnte. Es war beispielsweise auf den Flugblättern aus dem Revolutionsjahr 1848 beängstigend zu lesen: „Die Russen kommen"(vgl. Kohla 2011).

Erst mit der Schwächung des Zarenreiches sank auch die Angst in der deutschen Bevölkerung wieder, wie beispielsweise nach der russischen Niederlage im Krimkrieg 1856. Nach dem Ende der Restaurationszeit wurde Russland und die entsprechende Haltung dem Land gegenüber zunehmend zu einem gesellschaftspolitischen Thema. So war es stets ein schmaler Grat zwischen Russophobie und Russophilie, die entsprechende Einstellung wurde zu einem gesellschaftlichen Messwert, wobei die Faustregel wie folgt aussah: Wer Russland kritisierte, kein gutes Wort über das Land verlor und in Russland die „Inkarnation von Despotie und Barbarei" erkannte, der war Teil des Lagers der bürgerlichen Freiheit und stand für Volksrechte und die Bewahrung des Vaterlandes ein (vgl. Geyer 1986). Grob gesagt war der Tenor bezüglich russischer Politik: „Eine despotische Herrschaft über ein barbarisches Land"(Berlin-Karlshorst

2007:18). Demgegenüber standen diejenigen, welche man heute möglicherweise als „Russlandversteher" bezeichnen würde. Wer also zu jener Zeit Lobenswertes über Russland zum Ausdruck brachte, war gleichzeitig Bekenner „asiatischer Barbarei, orientalischer Despotie und Eroberungsgeist"(Berlin-Karlshorst 2007:18). Als Beweis für die Expansionsbestrebungen Russlands verwies man auf die Geschichte: Den Einfall Iwan des Schrecklichen in Livland, auf das angebliche Testament Peter des Großen mit der „Tatsache", dass Expansion quasi ein Naturgesetz russischer Geschichte sei (vgl. ebd). Zu Zeiten Bismarcks wurde diese Tradition fortgesetzt und gar mit einem in der Tendenz überheblichen Blick auf Russland hinabgeschaut. Bismarck bezeichnete Russland einst in einem Briefwechsel mit dem preußischen Staatsminister Alexander von Schleinitz als „einen riesigen Bauernstaat, mit Gleichheit ohne Freiheit"(Bismarck 2012:155). Vor Beginn des ersten Weltkrieges wurden diese Vorurteile mobil gemacht und auch die damaligen deutschen Medien machten keinen großen Hehl aus ihrer Ablehnung gegenüber Russland. Die Münchener Zeitung (Vorgänger der Süddeutschen Zeitung) titelte gar kurz vor Ausbruch des ersten Weltkrieges: „Russland will den Weltkrieg"(Gupta 2014).

Zur Zeit des Nationalsozialismus wurde das Bild von antirussischen Klischees geprägt, wobei die „asiatisch-untermenschliche Rückständigkeit" sich in das Kollektivbewusstsein der deutschen Bevölkerung einbrannte und mit antikommunistischen und antisemitischen Vorurteilen verknüpft wurde. Während des Kalten Krieges und der Aufteilung Deutschlands in die vier Besatzungszonen, war das Bild im Osten Deutschlands von der sowjetischen Staatsdoktrin der „Deutsch-Sowjetischen Freundschaft" geprägt und ein „Russenhass" wurde nicht zum Gefühlsmuster der Bevölkerungsmehrheit(vgl. Klönne 2015). Im Westen Deutschlands hingegen war die Zeit vom Denken in Schwarz-Weiß Mustern geprägt; hier der gute Westen, dort der Feind, die Sowjetunion. Dies nahm erst wieder ab, als mit Michail Gorbatschow ein Mann an die Macht kam, der ernste Reformbestrebungen in seinem Land durchführte (Stichwort „Perestroika" und „Glasnost") und von vielen Westdeutschen verniedlichend „Gorbi" genannt wurde(vgl. Grotzky 2013). Nach dem Zerfall der Sowjetunion und dem Fall der Berliner Mauer wurden zunächst positive Russlandbilder erweckt, die bis zum Beginn der Nullerjahre anhielten und ihren Höhepunkt in der Rede Wladimir Putins im Bundestag 2001 hatten, wobei dieser die Gemeinsamkeiten der beiden Länder betonte und den Vortrag auf deutsch hielt(vgl.

Wolf 2016). Nachdem sich jedoch in Russland sukzessive das Gefühl der Isolation entwickelte und eine Integration weder in die westliche Gemeinschaft noch in das internationale Sicherheitsgefüge gelang, ist das Bild spätestens seit der Ukraine-Krise und Putin-Hitler Vergleichen wieder wesentlich negativer(vgl. Petersen 2016).

4.2. Das Russlandbild in den deutschen Medien

Das Russlandbild in den deutschen Medien ist immer noch vorwiegend von alten Stereotypen und Vorurteilen geprägt, welche ich im vorherigen Kapitel aufgeführt habe und welche im nächsten Kapitel noch detailreicher dargestellt werden. In den aktuellen Kontroversen ist vor allem eine „Putinisierung" der Medienberichterstattung zu beobachten, bei welcher in erster Linie „Putins Russland" im Fokus steht(vgl. Bläser 2014). So wurden alleine in der Vorwoche der Präsidentschaftswahlen in Russland 2018 über 20 Dokumentationen und Reportagen ausgestrahlt, die „Putin" im Titel trugen und diesen in einem negativen Licht erscheinen ließen („Propaganda 3.0 – Putin und der Westen" oder „Putins Rache – Angriff auf die US Wahl"). Auch Buchtitel deutscher Journalisten wie „Putins verdeckter Krieg", „Generation Putin" oder „Putin – der neue Zar" verengen den Blick und lassen den Eindruck entstehen, das 140 Millionen Einwohner zählende und flächenmäßig größte Land der Welt begrenze sich auf die Person Putin(vgl. Pörzgen 2018). Hierbei wird dieser zumeist in Bildern dargestellt, die negative Assoziationen bei der Leserschaft hervorrufen. Das wohl bekannteste Motiv zeigt ihn als Cowboy auf einem Pferd sitzend, oberkörperfrei und grimmig dreinblickend. Dies paart sich mit Berichten und politischen Einschätzungen, die zumeist auf Annahmen beruhen. So wurde Putin 2015 in der deutschen Berichterstattung über den Mord des Oppositionellen Boris Nemzow so dargestellt, als sei er persönlich verantwortlich für den Mord obwohl jeglicher Beweis hierfür fehlte(vgl. ebd.). Gleiches galt auch beim Abschuss des Passagierflugzeuges „MH17" über der Ostukraine 2014, wobei fast 300 Menschen starben und *Der Spiegel* kurz nach der Tragödie und ohne jegliche Beweise geschweige denn ersten fundierten Hinweisen auf die Täterschaft titelte: „Stoppt Putin jetzt". Im Hintergrund des Titelbildes waren dabei die Fotos der Opfer abgebildet. Nachdem dieses Titelbild im Internet einen „Shitstorm" ausgelöst hatte, sah sich die Redaktion gezwungen eine Stellungnahme zu veröffentlichen bei welcher sie die Veröffentlichung rechtfertigte sich jedoch nicht distanzierte(vgl. O A 2014b).

Worauf diese „Boulevardisierung" der Medien zurückzuführen ist, ist nicht zweifelsfrei zu klären. Eine Erklärung könnte das vorher aufgeführte, einigen Journalisten innewohnende Vorverständnis gegenüber Russland sein. Darüber hinaus kann es jedoch auch auf die Einsparungen großer Medienverlage in der Auslandsberichterstattung zurückzuführen sein, die mit zu den teuersten journalistischen Aufgabenfeldern gehört(vgl. Pörzgen 2018). So schloss beispielsweise die einzige deutsch Wirtschaftszeitung das *Handelsblatt* 2013 sein Büro in Moskau und auch der *Focus* und der *Stern* haben keine Korrespondenten mehr in Moskau(vgl. ebd. 2018). Auch die Tatsache, dass negative Nachrichten meist einen größeren Nachrichtenwert haben als positive, dürfte eine Rolle spielen. Dass jedoch ständig mit zweierlei Maß gemessen wird, ist ein Phänomen, das vor allem in der Russlandberichterstattung auffällig ist. Während Putin gerne als „lupenreiner KGB Spion" dargestellt wird, wird die Tätigkeit US-amerikanischer Politiker für die CIA (George Bush senior oder der aktuelle US-Außenminister Mike Pompeo) zumeist nur am Rande erwähnt(vgl. Bläser 2014). Weitere Beispiele könnten hier aufgeführt werden, die Liste ist lang, es würde jedoch den Rahmen dieser Arbeit sprengen.

Die ehemalige Moskau Korrespondentin der ARD, Gabriele-Krone Schmalz, konstatierte in ihrem Buch „*Russland verstehen. Der Kampf um die Ukraine und die Arroganz des Westens*" jedenfalls, dass „Warnungen aus Moskau unter Propaganda abgelegt und Interessen Moskaus erst gar nicht ernst genommen [werden], wohingegen sich der Westen die Wahrung eigener Interessen ohne Einschränkungen zubilligt und gegebenenfalls humanitäre Aspekte oder Terrorverdächtigungen entsprechend angleicht" (Krone-Schmalz 2015:50).

Auch die Medienwissenschaftlerin Sabine Schiffer führt aus, dass die Berichterstattung in der Ukraine-Krise das Freund-Feind-Denken stetig verstärkt und die Rollen hierbei klar verteilt sind: Auf der einen Seite das „böse" Russland in Person des Machtpolitikers Putin und auf der anderen Seite die EU/USA sowie die idealisierte ukrainische Übergangsregierung(vgl. Schiffer 2014). Artikel wie „Die Welt darf nicht zuschauen, wie ein Diktator sein Volk abschlachtet"(Klitschko 2014) oder „Warum Putin mit einem brutalen Feldzug ein neues Imperium erschaffen will"(Gloger 2014) sind nur einige Beispiele für einen eher einseitigen Umgang mit Russland. Dies erkannte auch der ARD

Programmbeirat zur Zeit der Ukraine-Krise 2014 und formulierte in einem Statement: „In der Berichterstattung über die Krise in der Ukraine überwog anfangs eine Schwarz-Weiß-Zeichnung zugunsten der Maidan-Bewegung, obwohl hier auch das rechte, extrem nationalistische Lager beteiligt war, und zulasten der russischen und der abgesetzten ukrainischen Regierung, denen nahezu die gesamte Verantwortung zugeschoben wurde"(Daniljuk 2014).

4.3. Gegenwärtige Vorurteile und Stereotype gegenüber Russland

Im aktuellen Diskurs über Russland und dessen „hegemonialer Außenpolitik" fallen deutsche Medien (aber auch internationale) durch immer wiederkehrende Argumentationsmuster auf, die darauf abzielen, der russischen Administration Expansionsgelüste und demokratische, beziehungsweise gesellschaftliche Rückständigkeit zu unterstellen. So bezeichnete die *Süddeutsche Zeitung* 2017 das Treffen des US-amerikanischen Regisseurs Oliver Stones und Wladimir Putins als „Autokraten-Porno"(Hans & Steinitz 2017). Auch die ständige Betonung, dass in Russland Minderheiten gezielt unterdrückt werden und besonders die Rechte von Schwulen nicht anerkannt werden, lässt den Eindruck entstehen, dass Russland Rückständig sei und mit eben „unseren" Werten wenig zu tun habe. Auch die Vermutung, dass Russland Krieg in Europa wolle, scheint sich fest in den Köpfen der Redaktionen zu halten. So wurde in der Dokumentation „Putins kalter Krieg" von *ZDFzoom* ein anonymer Russischer Spion interviewt, der angeblich für den FSB (russischer Geheimdienst) gearbeitet hat und aufzeigte, wie Russland Europa destabilisieren will(vgl. Koch 2018). Die Sendung reiht sich in eine Vielzahl von Berichten, die Russland unterstellen seit der „aggressiven und militärischen Annexion der Krim" und dem Vorgehen im Osten der Ukraine, in Europa wieder Krieg führen zu wollen und die friedliche europäische Sicherheitsarchitektur in Frage zu stellen(vgl. Reitschuster 2017). Diese Theorien waren schon zu Zeiten vor dem Ersten und Zweiten Weltkrieg in den deutschen Medien populär vertreten (vgl. Kapitel 4.1), sie spiegeln in erster Linie die Haltung der Nato zu Russland wider.

Generell wird in den Medien Russland nur noch selten als barbarisch, unzivilisiert oder despotisch bezeichnet. Viel mehr wird die Präsidentschaft Putins als Autokratie bezeichnet und betont, dass Putin zwar demokratisch gewählt sei, jedoch das Land als „lupenreiner Autokrat"(Bilger 2012) regiere. Während man früher die Expansion als „ein Naturgesetz russischer Geschichte" (vgl. Kapitel 4.1) betrachtete ist es heute viel mehr die Korruption und die angeblichen mafiösen Strukturen des Landes, welches in Wirklichkeit von Oligarchen beherrscht sei(vgl. Bilger 2012.). Bemerkenswert und stellvertretend für diese Haltung ist hierbei ein Artikel der „Deutschen Gesellschaft für auswärtige Politik(DGAP)" mit dem Titel „Präsident Wladimir Putin verabschiedet sich von der liberalen Weltordnung"(Meister 2018). In diesem Artikel ist zunächst davon die Rede, dass Deutschland das Ziel „kollektiver Sicherheit" und die Einhaltung „internationalen Rechts" anstrebt während Russlands Eliten „vom Recht des Stärkeren in einer multipolaren Welt" ausgehen(vgl. Meister 2018). Inwiefern die Kriege des Westens im nahen und mittleren Osten nicht exakt dieser Einstellung entsprachen („Recht des Stärkeren"), wird im Artikel nicht erwähnt. Der Autor beschreibt im weiteren Verlauf, und sicherlich auch stellvertretend für einen Großteil der deutschen Medien, dass Putin mit „Chaos, Unsicherheit und fehlender staatlicher Struktur" besser umgehen könne als „jeder westliche Staat" und das „Korruption und informelle Kanäle (...)der Natur des Systems Putin" entspräche(vgl. Meister 2018).

Das medial jedoch am meisten verbreitete Vorurteil, und eines der gängigsten Narrative, ist die Vermutung, dass Russland sich seine ehemaligen Ostblockstaaten wieder einverleiben möchte indem es die EU und die Nato schwächt und gleichzeitig jegliche „nationalistischen Alleingänge stärkt"(Kálnoky 2017). Russland wird unterstellt, mit Verweis auf die militärische Unterstützung der Separatisten in der Ostukraine, dass aus der Perspektive der russischen Administration alle postsowjetischen Staaten (außer die Nato oder EU Mitglieder) nicht souverän seien(vgl. Meister 2018). Daher bestehe die Gefahr, dass Russland in diese Staaten interveniere oder sich zumindest in die inneren Angelegenheiten einmischen werde weshalb diese vom Westen geschützt werden müssen, um einer weiteren Aggression Russlands entgegenzuwirken. Es wird dabei meistens so getan, als sei Russland für die Spannungen in der Ukraine verantwortlich. Dass jedoch auch schon vorher von Seiten der EU und auch von der Nato an einem Beitritt der Ukraine gearbeitet worden ist, der entgegen den Sicherheitsinteressen

Russlands gewesen wäre und die Ukraine „zerrissen" hätte[15], wird zumeist nicht betont(vgl. Krone-Schmalz 2015:15).

5. Das Narrativ des *Spiegel* im Vergleich mit dem *Guardian*

„Alle im *Spiegel* verarbeiteten und verzeichneten Nachrichten, Informationen und Tatsachen müssen unbedingt zutreffen. Jede Nachricht und jede Tatsache ist[...] peinlichst genau nachzuprüfen"(Spiegel Online 1997). Dieser Auszug aus dem *Spiegel*-Statut von 1949 zeigt, wie sehr es den Gründervätern des *Spiegel* daran gelegen war, so genau und wahrheitsgetreu wie möglich jeden Sachverhalt wiederzugeben. Rudolf Augstein, der Gründer des *Spiegel,* sagte bereits während seiner Zeit als Chefredakteur, dass „die Zahl derer, die durch zu viele Informationen nicht mehr informiert sind, wächst"(Zitate.eu 2016). Damit beschrieb er schon vorausschauend zu jener Zeit, als die Medien noch verhältnismäßig großes Vertrauen genossen, in welche Richtung das Internetzeitalter und der Überfluss an Informationen die Gesellschaft getrieben hat. Gegenwärtig werden die Vorwürfe staatlich gelenkter Medien, die Verbreitung von Fake News oder der Schlachtruf „Lügenpresse" immer lauter. In einer Studie von infratest dimap im Auftrag des Westdeutschen Rundfunks (WDR) aus Dezember 2016, gaben 46% der Befragten an, dass ihr Vertrauen in die Medien gesunken sei(vgl. infratest dimap 2016). Gar 42% der Befragten gaben an zu glauben, dass es Vorgaben aus der Politik für die Berichterstattung gebe(vgl. ebd.). Dieser Trend ist jedoch nicht nur in Deutschland zu beobachten. In Großbritannien vertrauen laut einer Umfrage von Statista von Januar 2018 nur noch 32% der Befragten den Medien(vgl. Statista 2018b). In einer Studie aus Januar 2018 der US-amerikanischen PR-Agentur „Edelman" kam diese zu dem Ergebnis, dass sich lediglich 6% der Bewohner Großbritanniens als informiert bezeichnen würden. Auch das Vertrauen in die Regierung befindet sich auf einem historischen Tiefstand (36%)(vgl. Edelman 2018).

---

[15] Die im Osten der Ukraine und den sogenannten „Separatistengebieten" (Oblast Donezk und Luhansk) lebenden Menschen fühlen sich, auf Grund der Historie der Regionen und des Landes, mehrheitlich zu Russland hingezogen oder wollen mehr Autonomierechte für ihre Region(weshalb man sie auch richtigerweise „Föderalisten" nennen müsste, der Begriff „Separatist" lässt ein falsches Bild entstehen, das nicht den realen Bedingungen vor Ort entspricht). In den westlichen Regionen des Landes wiederum sind die Menschen mehrheitlich „pro-westlich" eingestellt und befürworten großenteils einen EU-Beitritt der Ukraine. Auf Grund dieser simplen demographischen Tatsachen, hätte ein EU-Beitritt der Ukraine das Land „zerrissen", weil es nicht die Interessen der in der Ostukraine lebenden Menschen berücksichtigt hätte(vgl. Krone-Schmalz 2015;15f.).

Ich möchte nun im Folgenden skizzieren, Inwiefern *Der Spiegel* und *The Guardian* zur Zeit der Angliederung der Krim argumentiert haben und wie etwaige Argumentationsmuster wiederkehrend auftauchen. Hierfür habe ich eine Vielzahl an Artikeln untersucht und ausgewertet, die ich nun zusammenfassend darstellen werde. Ich werde auch immer wieder exemplarisch an einzelnen Artikeln die Kernaussagen des Blattes wiedergeben.

5.1. Begründung der Auswahl der beiden Zeitungen

5.1.1. Der Spiegel

Der Spiegel ist ein deutsches Nachrichtenmagazin, das einmal wöchentlich erscheint und im *Spiegel –Verlag* in Hamburg erscheint. *Der Spiegel* hat eine verbreitete Auflage von 713.600 Exemplaren und eine Reichweite von 6,56 Millionen Lesern(vgl. O A 2018). Das Blatt wurde 1949 von Rudolf Augstein gegründet und nahm von Beginn an linksliberale Positionen ein und schreckte auch nicht davor zurück, sich mit den Alliierten anzulegen. Rudolf Augstein nannte es einst das „Sturmgeschütz der Demokratie" und identifizierte sich mit dem Geist des deutschen Grundgesetztes und der dort verankerten „wehrhaften Demokratie"(vgl. Kohler 2016). In Erinnerung und Teil der lebhaften Geschichte ist sicherlich die „Spiegel-Affäre", wobei das Blatt interne Dokumente der Bundeswehr zitierte und resümierte, dass die Bundesrepublik und die NATO bei einem Einfall der Sowjetunion nur *Bedingt abwehrbereit* (Überschrift des Artikels) sei. Daraufhin wurde Augstein durchsucht, Konrad Adenauer bezichtigte dem Blatt Landesverrat, es kam zu studentischen Protesten, und letztendlich zur Entlassung des damaligen Verteidigungsminister Franz Josef Strauß. Das Blatt entwickelte sich zunehmend zum Leitmedium in der deutschen Presselandschaft und deckte zahlreiche politische Skandale auf(vgl. ebd.). Den Höhepunkt seiner Verkaufszahlen erreichte *Der Spiegel* in den 1990er Jahren, als das Magazin regelmäßig über eine Million Exemplare verkaufte. 1994 wurde zusätzlich Spiegel Online ins Leben gerufen, welches redaktionell und unternehmerisch vom Magazin getrennt ist. Mittlerweile hat das Blatt an Bedeutung verloren, die Auflagen sind gesunken und der Status als Leitmedium ist mehr als umstritten(vgl. ebd). Die Tendenz geht immer stärker zur „Boulevardisierung" der

Berichterstattung und ist geprägt von Artikeln und Titelbildern, die mit „Qualitätsjournalismus" nicht mehr viel zu tun haben.

Laut einer Studie der Arbeitsgemeinschaft Online Forschung (AGOF) besuchen monatlich rund 21 Millionen Nutzer die Seite von Spiegel Online. Spiegel-Online liegt damit im deutschlandweiten Vergleich von digitalen Angeboten auf Platz fünf hinter Focus Online und T-Online(vgl. Meedia 2018). Das Online Angebot des *Spiegel* liegt damit noch vor Bild.de und Welt.de. Nach einer Umfrage von Statista ist Spiegel-Online das meistgenutzte Medium für Onlinenachrichten. Es liegt mit 17% noch deutlich vor Bild.de (10%) und dem Onlineangebot der *Süddeutschen Zeitung* (Süddeutsche.de) (7%)(vgl. Statista 2018a). Spiegel-Online ist also einer der relevantesten Online-Medien, die sowohl in akademischen als auch in bürgerlichen Kreisen gelesen wird. *Der Spiegel* und Spiegel-Online sind überaus relevante Medien für die Meinungsbildung in Deutschland und gleichzeitig jedoch auch immer wieder ein Beispiel für den Verfall journalistischer Standards. Aus diesen Gründen, also der Relevanz des Mediums und des beispielhaften Charakters für eine ganze Branche, habe ich den *Spiegel* gewählt. Bezüglich der Berichterstattung über Russland, fiel vor allem die Print-Ausgabe des *Spiegel* immer wieder negativ auf. Spiegel-Online kommt den Haltungen der Print-Ausgabe sehr nahe, weshalb ich untersuchen möchte, wie die Argumentationsmuster diesbezüglich aussehen.

5.1.2. The Guardian

Die 1821 gegründete britische Tageszeitung „The Guardian" (auf Deutsch: „der Hüter/Beschützer") zählt zu den weltweit bekanntesten Zeitungen und genießt bis heute einen guten Ruf. Von 1821 bis 1959 hieß die Zeitung *Manchester Guardian* bevor sie 1959 ihren aktuellen Namen annahm. Schwesterblätter sind *The Observer* und *The Guardian Weekly*. Das Online Angebot, welches man unter TheGuardian.com erreicht, wurde 1999 gelauncht und ist aktuell die meistbesuchte Zeitungswebseite der Welt(vgl. mediadb.eu 2018). Politisch wurde der *Guardian* im Umfeld von Sozialreformern gegründet, die, im Gegensatz zu vielen anderen britische Zeitungen, überwiegend linksliberale Positionen vertraten und als Zielgruppe „intellektuelle Großstädter(...) Akademiker, Kulturschaffende und Studenten" haben(vgl. Jungclaussen 2013). Der *Guardian* hat eine sinkende Auflage von nur noch 158.000 verkauften Exemplaren und reiht sich hiermit in die Reihe derjenigen Medien, die in den letzten Jahren rote Zahlen schrieb und mit dem Wechsel vom analogen ins digitale Geschäft zu kämpfen hat. Das Blatt nahm schon von je her linke Positionen ein: Beim Sinai-Krieg 1956 setzte es sich für eine militärische Nicht-Einmischung Großbritanniens ein und kämpfte besonders progressiv für die Rechte der Frau(vgl. O A 2018). Während der politisch stark polarisierten Debatten der 1970er und 1980er Jahre, galt das Blatt als die Stimme der Linken und verteidigte die Rechte der Arbeiter. In den neunziger Jahren machte die Zeitung vor allem durch investigative und journalistisch hochwertige Berichterstattung auf sich aufmerksam und deckte diverse politische Skandale auf. Dies mündete unter anderem mit der Ehrung als „Newspaper of the Year" 1997(vgl. ebd.).

Im Mai 2013 erlangte der *Guardian* weltweite Aufmerksamkeit, als er zusammen mit Glenn Greenwald Informationen über die Überwachungsprogramme der USA (PRISM) und Großbritanniens (Tempora) veröffentlichte und so die Regierungen der beiden Länder in akute Erklärungsnöte brachte. Im Juni 2013 wurde bekannt, dass die US-Army Teile der Seite des *Guradian* in ihren Netzen sperrte und somit den Zugang für die US-Soldaten an kritische Informationen unmöglich machte. In einem Artikel von August 2013 ließ der *Guardian* die Öffentlichkeit wissen, dass er während der Zeit von der britischen Regierung enorm unter Druck gesetzt worden sei und mit einer Klage gedroht wurde, falls Festplatten mit vertraulichen Informationen nicht herausgegeben werden sollten(vgl. Booth 2013). Das Blatt wurde daraufhin mit dem Pulitzer-Preis in der Kategorie „Dienst an die Öffentlichkeit" ausgezeichnet. Der *Guardian* führte 2015 aufgrund starker finanzieller Verluste ein Mitgliedschaftssystem ein, welches die Unabhängigkeit des Magazins schützen soll und dazu beitragen soll, dass journalistische Arbeit weiterhin für alle Menschen zugänglich ist.

Der *Guardian* ist im englischsprachigen Raum immer noch eine der am meistgelesenen Zeitungen, sowohl online als auch in der Print-Ausgabe. Er gilt als einer der Medien, die im Zuge der „Sofortness"[16], also dem durch die Digitalisierung geschuldeten Bedürfnis alles sofort haben zu müssen, nicht derartig zum Opfer gefallen zu sein scheinen, dass die Artikel nicht mehr als zusammengefasstes Agenturmaterial sind. Mit seinen investigativen Berichten und dem ausführlichen Online-Angebot nehmen sie eine

---

[16] Der Begriff wurde das erste Mal vom Journalisten und Autor Peter Glaser 2007 in einem Artikel für heise.de verwendet(vgl. Glaser 2007).

Vorreiterrolle für alle anderen Medien ein. Ich habe daher, einerseits aus Relevanzgründen und andererseits aufgrund der ideellen Ausrichtung und der ähnlichen Gründungsgeschichte des *Guardian* und des *Spiegel* mich für diese beiden Magazine entschieden.

5.2. Die Narrative

5.2.1. Definition des Begriffs „Narrativ"

Ein Narrativ ist die Art und Weise der Erzählung, etwas in „erzählender Form darstellend" wie es im Duden heißt. Ein Narrativ transportiert Geschichten, Werte und Emotionen und bezieht sich in der Regel auf einen bestimmten Kulturkreis(vgl. Seibel 2009). Bezogen auf politische Erzählungen, beschreibt der Begriff „einzelne politische Forderungen oder Konfliktlinien" der diese in einen „umfassenderen ideologischen, normativen und historischen Kontext einordnet und damit kollektive Identitäten formt"(Turowski & Mikfeld 2013:S.13). Ein Narrativ kann also einer Gesellschaft Orientierung geben und Zuversicht vermitteln, ohne die jeweilige Argumentation immer klar belegen zu müssen. Narrative sind immer eng mit Wertvorstellungen verbunden und einer daraus resultierenden gesellschaftlichen Ordnung. Der „American Dream" und die damit verbundene Vorstellung, es vom „vom Tellerwäscher zum Millionär" zu schaffen, ist beispielweise ein solches Narrativ, das von allen politischen Parteien zu dieser Zeit verwendet worden ist und nicht vom Wahrheitsgehalt der Sache geprägt ist sondern viel mehr vom gemeinsam geteilten Bild(vgl. ebd.: S.14). Derartige Narrative können auch als politische Mythen bezeichnet werden, welche dann versichern, „dass sie zu meisternde Aufgaben bewältigt werden können, weil das damals auch gelungen sei. Sie schaffen Orientierung und Zuversicht und sind damit kognitive wie emotionale Ressourcen der Politik"(Münkler 2008).

5.2.2. Das Narrativ des *Spiegel*

Die nun folgende Untersuchung bezieht sich auf einen Untersuchungszeitraum vom 26.2. 2014 bis zum 5.5. 2014. Dieser Zeitraum begründet sich daher, dass es nach den Schüssen auf dem Maidan (20.2.2014) und der darauffolgenden Flucht des Präsidenten Viktor Janukowitsch anschließend es zu ersten Zusammenstößen auf der Krim kam und erstmalig der mediale Fokus auf die Krim gerückt ist. Vom 5. Mai 2014 stammt der letzte ausgewertete Artikel, da tags zuvor rund 5.000 Krimtataren die Grenze zum ukrainischen Festland stürmten, um ihren Anführer Mustafa Dschemilew die Einreise zu ermöglichen, die ihm von Russland untersagt worden war. Insgesamt wurden 13 Artikel ausgewertet, wovon die Hälfte von Spiegel-Online oder der Print-Version des *Spiegel* sind. *Der Spiegel* stellt in seinem Online- Angebot ein Archiv zur Verfügung, dass einem den Zugriff zu allen Online-Artikeln ermöglicht und darüber hinaus auch die Print-Version bis zum Gründungsjahr 1947 online abrufbar ist.

Bei den Meldungen auf Spiegel-Online ist sehr stark zu beobachten, dass ein Großteil der Nachrichten Agenturmeldungen sind, die von AP (New York), AFP (Paris) und Reuters (London) übernommen werden. Nur ein Teil der täglichen Meldungen sind Meinungsartikel, die ein aufgeführter Autor verfasst hat. Diese Artikel sind dann etwas ausführlicher und beziehen im Gegensatz zu den Agenturmeldungen auch klare Positionen. Ich habe daher nur derartige Artikel ausgewertet, da die anderen das Narrativ der Agenturen wiedergeben aber nicht das des *Spiegel*. Die Artikel, die in der Print-Version des *Spiegel* erschienen sind, sind wesentlich ausführlicher, differenzierter und betrachten die Sachlage zumeist aus verschiedenen Blickwinkeln. Bezogen auf die Narrative, lassen sich auf den Untersuchungszeitraum und den Untersuchungsgegenstand (Annexion der Krim) drei Deutungsmuster bei *Spiegel* und Spiegel-Online feststellen.

1. Das historische Narrativ:

In seinen Ausführungen greift *Der Spiegel* immer wieder auf historische Vergleiche zurück und wertet das russische Eingreifen und die russische Politik als nicht kompatibel mit den Verfahrensnormen des Westens. So interpretiert *Der Spiegel* die russische Politik wie folgt: „Gewalt ist nach 1991 ein probates Mittel russischer Politik geblieben; eine Politik des politischen Kompromisses, wie sie der Westen pflegt, wird als Schwäche ausgelegt. So tickt nicht nur der Kreml, sondern fast die gesamte russische Gesellschaft"(Neef 2014). Auch auf den historischen Vergleich des damaligen Finanzministers Wolfgang Schäubles zwischen der Annexion des Sudentenlandes von Adolf Hitler 1938 und der Annexion der Krim durch Putin, schrieb *Der Spiegel*: „(...) in Hitlers Rede vom 26. September 1938 im Berliner Sportpalast und in Putins Kreml-Auftritt vom 18. März finden sich erstaunlich ähnliche Argumente(...). Warum soll das verschwiegen werden? Und warum soll verschwiegen werden, dass die mediale Vorbereitung der Krim-Annexion im russischen Fernsehen mit all ihren Lügen und ihrer Hetze an die Propaganda von Joseph Goebbels erinnerte?"(ebd.). Hierbei werden zwei Interpretationsmuster angeschnitten: Zum einen, dass es durchaus legitim sei, Putin mit Hitler zu vergleichen und zum anderen wird auf die russische Propaganda verwiesen, die historisch mit jener von Joseph Goebbels vergleichbar sei. Des Weiteren dient der russische Einfall in Georgien 2008 immer wieder als Beispiel für das russische Agieren in der Ukraine und auf der Krim: „Nach fünf Tagen Krieg (in Georgien) lässt Putin seinen Präsidenten Medwedew die beiden abgespaltenen Republiken Abchasien und Südossetien zu Protektoraten erklären. (...) Ein mögliches Modell für die Krim?"(Blome u. a. 2014). Geteilt wird diese Ansicht vom *Spiegel* Moskau-Korrespondent Benjamin Bittner, der in einem Artikel mit der Überschrift „Operation Protektorat" zum Ausdruck bringt, dass Russland die Situation nutze, „um militärische Fakten zu schaffen" und die Krim praktisch wie ein „innoffizielles Protektorat" verwalten würde(vgl. Bidder 2014b).

Bezüglich der deutschen Mentalität und dem historischen Verhältnis zwischen Deutschland und Russland, ist immer wieder davon die Rede, dass die Deutschen „endlich aufhören müssen, einen verklärten Blick auf Putins Reich zu werfen"(Neef 2014) und das Deutschland ein Land „voller Putin-Versteher" sei(Reinbold 2014). Hier sind erneut zwei Deutungsmuster zu erkennen: Die Deutschen müssten endlich erkennen, dass Russland unter Putin militärisch aggressiv agiert und keinerlei Werte vertritt, die sich mit den unseren vereinbaren lassen. Darüber hinaus sei das historische Russlandbild der Deutschen verklärt: „Unser Bild von den Russen wird von alten Schuldgefühlen bestimmt und von dem Bestreben, diese Schuld abzutragen. Und vom Versuch, Fehler lieber bei uns selbst zu suchen. Damit entfernt sich dieses Bild noch weiter von der Realität"(Neef 2014). Auf parteipolitischer Ebene bringt *Der Spiegel* zum Ausdruck, dass die Partei „die Linke" historische Bezüge zu Russland habe und daher Verständnis für dessen Handeln hat. „Russland verstehen, mit Russland reden. Das ist die Politik, die die Linke in der Krim-Krise anbietet. Es sind alte Muster, die sich aus den Prägungen der Parteiströmungen – hier die DDR-Staatsräson, dort westdeutscher Antikapitalismus ergeben"(ebd.).

2. Das expansionistische Narrativ:

In den untersuchten Artikeln kommt immer wieder zum Ausdruck, dass die Annexion der Krim nur der erste Schritt Russlands sei, um die ehemaligen Gebiete der Sowjetunion wieder zurückzuerlangen. So wird argumentiert, dass Putin bestrebt sei nicht nur die Krim und die Ukraine zu destabilisieren, sondern sich die gesamte Region militärisch einzuverleiben: „Wladimir Putin ist bereit, Militär einzusetzen, der Westen ist es nicht – zu Recht. (...) Für Putin ist das zunächst ein Vorteil, da er weiß, dass ihn niemand militärisch stoppen wird"(O A 2014c). Die gängigste Interpretation ist, dass Putin aufgrund des starken Rückhalts in seinem Land und dem wirtschaftlichen Aufschwung die alten Grenzen wieder errichten möchte; die Krim sei dabei nur der Anfang: „Will er (Putin) nur die Krim annektieren, plant er, sich die Ostukraine einzuverleiben, vielleicht noch mehr vom nahen Ausland an sich zu reißen(...). Und tut er das als angeschlagener Boxer in einem imperialen Rückzugsgefecht – oder glaubt er wirklich eine Art moderner Sowjetunion aufleben lassen zu können?"(Blome u. a. 2014). Des Weiteren ist in dem Artikel die Rede von „der russischen Eroberung der Krim" und Putins „Expansionsplänen"(ebd.). Putins Haltung zur Sowjetunion wird mit einem Zitat belegt, in welchem dieser sagte, dass der Untergang der Sowjetunion „die größte geopolitische Katastrophe des 20. Jahrhunderts" gewesen sei. Daraus wird gefolgert, dass Putin „den Traum von der Weltmacht, den Anspruch auf ein Imperium, (...)nicht aufgeben mag"(ebd). Hierbei wird die Situation mit zweierlei Argumentation gedeutet: Putins geheimer Plan sei es, die Sowjetunion wieder herzustellen und er habe hierbei mit der „Eroberung der Krim" einen weiteren Schritt vollzogen. Andererseits sei er dazu bereit, diese Ziele militärisch durchzusetzen und schreckt auch nicht davor zurück, das Völkerrecht zu brechen. Das Narrativ lautet hier: „Russland ist von je her expansionistisch gewesen und betreibt mit der Annexion der Krim diese Politik weiter. Andere baltische Staaten könnten bald die nächsten Opfer des russischen Expansionismus werden und müssen daher von der Nato geschützt werden."

3. Das Narrativ der russischen Rückständigkeit:

In den Debatten über Russland und deren demokratische Entwicklung, ist immer wieder davon die Rede, das Russland die Prinzipien eines demokratischen Staates nicht erfülle und die Meinungsfreiheit mit Füßen trete. So ist die Rede davon, dass Russland „völkerrechtswidrig die Halbinsel Krim mit Truppen unter seine Kontrolle gebracht [hat]"(Bidder 2014a) und Putin bisher „getäuscht, gelogen, gezündelt und das

Völkerrecht verletzt [hat]"(O A 2014c). Es wird also betont, dass Putin derjenige sei, der sich nicht an völkerrechtliche Maßstäbe hält und daher nicht „unsere" westlichen Werte vertritt. Er sei derjenige, der „agiert, der Westen reagiert" lediglich(vgl. Schepp 2014). Der Westen sei das Opfer der russischen Aggression in der Ukraine und habe nichts zur Deeskalation der Lage beigetragen(vgl. Blome u. a. 2014). Mit dieser Deutung der Ereignisse soll der Leserschaft klar gemacht werden, dass es Russland ist, dass für die Ereignisse auf der Krim schuldig ist und das Putin sich vom Westen mit derartigen Handlungen entfernt hat beziehungsweise nicht mehr dazu gehört: „(...) Russland ist nicht Europa. Es wird auch nie Europa sein"(Neef 2014). Russland habe auch nicht wie hier im Westen freie und unabhängige Medien, sondern „staatlich gelenkte Medien" die ihre journalistischen Standards „längst den Wünschen des Kremls angepasst [haben]" und stetig „Falschmeldungen" verbreiten würden(vgl. de Souza Soares 2014). Generell ist immer wieder die Rede von „staatlicher Propaganda" und „gelenkten Medien" die einseitig und hetzerisch über den Westen berichten würden. Zu erkennen ist bei dieser Argumentation ein Ingroup/Outgroup-Denken[17] nach der Devise: Hier der gute Westen, der demokratisch ist und freiheitliche Werte vertritt. Dort der „böse Russe", der „schon längst nicht mehr zum Westen" (Blome u. a. 2014) gehört und nicht einmal Teil Europas sei.

5.2.3. Das Narrativ des *Guardian*

Die Folgende Untersuchung bezieht sich auf einen Untersuchungszeitraum vom 26.2.2014 bis zum 31.3.2014 und umfasst 13 Artikel, welche auf *TheGuardian.com* erschienen sind und teilweise auch in der Print-Version des *Guardian* veröffentlicht wurden. Der oben genannte Zeitraum begründet sich daher, dass wie in Kapitel 5.2.2 schon erwähnt, der Konflikt auf der Krim medial ab dem 26.2 2014 zunehmend an Aufmerksamkeit gewann. Ab Ende März war im *Guardian* eine klare Abschwächung der Tendenz der Artikel erkennbar, weshalb der letzte ausgewertete Artikel vom 31.3. 2014 ist.

---

[17] Der Begriff „Ingroup/Outgroup"(auf Deutsch: „Eigengruppe/Fremdgruppe") stammt aus den Sozialwissenschaften. Er beschreibt das Verhalten von Gruppenmitgliedern, „positives Verhalten von Mitgliedern der Eigengruppe sowie negatives Verhalten von Mitgliedern der Fremdgruppe abstrakter zu beschreiben als negatives Verhalten von Mitgliedern der Eigengruppe sowie positives Verhalten von Mitgliedern der Fremdgruppe"(Bierhoff & Frey 2006:S.551)

Die Artikel des *Guardian* sind größtenteils ausführlicher, beleuchten die Hintergründe differenzierter und das Meinungsspektrum ist wesentlich ausgeprägter. Auch auf TheGuardian.com wurden einige Artikel verfasst, die lediglich nachgerichtete Agenturmeldungen sind und daher nicht in die Auswertung mit einflossen. Es sind jedoch wesentlich mehr Meinungsartikel veröffentlicht worden, die klare Narrative erkennen lassen. Diese werden im Folgenden in drei narrative Strukturen aufgeteilt:

1. Das militärisch-expansionistische Narrativ

In den ausgewerteten Artikeln ist vielfach die Rede davon, dass die westlichen Regierungen einen härten Kurs gegen Putin fahren müssten, um diesen militärisch einzudämmen: *„Targeting the oligarchy worked in Serbia during the assault on Kosova, when Nato targeted Serbia elites' economic interests, bringing Milosevic to the table. This may bring Putin to the table now."* In der Kopfzeile des Artikels ist auch zu lesen: *„(...)we should respond forcefully before it's too late"*(Kennedy & Jr 2014). Hierbei wird der Vergleich zwischen der Bombardierung Serbiens 1999 gezogen, bei welcher die Nato-Staaten ohne UNO-Mandat und daher wohl völkerrechtswidrig das ehemalige Jugoslawien bombardierten. Selbiges hält der Autor gleichwohl für ein notwendiges Vorgehen, um Putin an den Verhandlungstisch zu bringen. Im Übrigen werden die Umstürze auf dem Maidan als *„non-violent"* und *„democratic"* beschrieben, der Euromaidan als *„Russia's greatest nightmare"* und militärische Aktionen als *„appropiate"*(ebd.). Bemerkenswert ist, dass in keinem Satz die illegale Absetzung des ukrainischen Präsidenten erwähnt wird und dass zu diesem Zeitpunkt (5.3.2014) noch nicht einmal das Referendum zur Angliederung stattgefunden hatte. In einem Leitartikel, der am Tag der offiziellen Eingliederung der Krim zur russischen Föderation erschien, beschreibt der nicht aufgeführte Autor die Angliederung zusammenfassend als einen *„illegal, neo-imperialist act"*(O A 2014a). Die Annexion wurde generell als *„military aggression"* beschrieben und die Vermutung geäußert, dass es nicht bei der Krim bleiben würde: *„Putin's objectives are not limited to Crimea. He has a passion to bring the whole of Ukraine under the ultimate authority of Moscow(...).He finds equally unacceptable the independence of Estonia, Latvia and Lithuania"*(Rifkind 2014). Es wird also die Vermutung geäußert, dass sich Russland die erwähnten Staaten zurückerobern wolle. Als Beispiel wird hierfür der Georgienkrieg 2008 erwähnt. Zum Ende des Artikels wird zu militärischen Drohungen aufgerufen: *„We must emphasise that the full weight of mutual defence under Article 5 of the Nator treaty will be available to help them(the baltic* states) *if they face Russian aggression"*(ebd.). Ob der Autor sich wirklich bewusst ist, was es für die Sicherheitslage in Europa bedeutet, wenn Artikel fünf des Nato Vertrages („Die Parteien vereinbaren, dass ein bewaffneter Angriff (...) als ein Angriff auf alle angesehen wird."(NATO o. J.)) im Konflikt mit Russland zur Anwendung kommt, muss zumindest angezweifelt werden. Er beschreibt auf jeden Fall die strategische Ausrichtung des Artikels, der sich unverhohlen dafür einsetzt, dass der Westen sich am Konflikt militärisch beteiligen sollte.

2. Das Narrativ der westlichen Überlegenheit:

„Mr Putin's Russia, lest we forget, is a country where human rights are trampled on, pro-democracy demonstrators frequently beaten up or jailed, reporters can be murdered, newspapers shut down and inquisitive foreign journalists harrassed and expelled"(O A 2014d). Dieses Zitat aus einem Leitartikel zeigt, inwiefern sich der *Guardian* gegenüber Russland abgrenzt. Der Westen, geprägt von Werten, ist dem rückständigen russischen Reich überlegen, das quasi ein *„mafia state"* sei und bei dem man nicht unterscheiden könne zwischen den *„activities of the government and organised criminal groups"*(ebd.). Putin sei kein Demokrat und verachte den Westen: *„Putin is the autocratic leader of a regime reviled for domestic repression and systemic human rights abuses(...) and holds the west in contempt"*(Birrell 2014). Er verhält sich wie ein *„19th century imperial overlord"*, unterdrückt sein Volk mit seiner *„propaganda machine"* und ist der *„bad guy in this new cold war"*(ebd.). In der Ukraine wiederum herrscht eine Demokratie (*„democracy in Kiev"*), den Protesten auf dem Maidan ging es in erster Linie um Freiheit und westliche Werte und die Nato sei eine *„self-defence* alliance"(Shishkin 2014). Diese Erzählmuster sind bezeichnend für den Grundtenor des *Guardian* bezogen auf Russland und die Annexion der Krim. Die Deutungsmuster sind vergleichbar mit jenen Dichotomien zur Zeit des Kalten Krieges und stimmen mit denen der britischen Regierung in vielen Punkten überein. Während der Recherche stieß ich lediglich auf einen moderaten Artikel, der erwähnt, dass die Nato nach dem Zerfall der Sowjetunion Russland versprach, sich nicht bis an die Grenzen Russlands auszudehnen: („(...)*that Nato would not expand to Russia's borders"*(Norton-Taylor 2014). Der Autor betont ebenso, und das ist durchaus bemerkenswert, dass in der „pro-westlichen" Regierung in Kiew *„(...)ultra nationalist militias and neo-fascists"* beteiligt seien. Als Vorschlag für eine friedliche Lösung der Krise, schlägt er eine föderale Verfassung vor, die Minderheitenrechte

berücksichtigt(vgl. ebd.). Mit einem derartigen Friedensvorschlag steht er jedoch quasi alleine da, alle anderen Artikel heizen die angespannte Lage weiter an.

3. Das historische Narrativ:

Der *Guardian* bezieht sich als historischen Beweis für die russischen Expansionsgelüste, auf das Zitat, in welchem Putin den Zerfall der Sowjetunion als „*the greatest geopolitical catastrophe of our time*" bezeichnete(vgl. Gessen 2014). Daraus wird gefolgert, dass Putin nostalgisch auf die Sowjetunion schaue und die Annexion „*Russia's post-imperial consciousness*" darstelle(ebd.). In einem Gastartikel des ehemaligen Präsidenten Georgiens Micheil Saakaschwili, der kurz vor der Annexion veröffentlicht wurde, warnt dieser ausdrücklich vor einem militärischen Eingreifen Russlands. Er bezieht sich dabei auf die historischen Parallelen während des Georgienkrieges 2008, wobei beide Länder eine gemeinsame Geschichte mit Russland teilen und sich Richtung Europa und der Nato orientierten(vgl. Saakashvili 2014). Er betont, dass er keine Zweifel daran hat, dass Putin in der Ukraine das gleiche vor hat:„*I have no doubt that in Ukraine Russia's goal is the same as in Georgia*"(ebd.). In einem anderen Artikel wird die Situation auf der Krim mit jener in Nazideutschland 1935 verglichen, als sich das Saargebiet (heute „Saarland") in einem Referendum mehrheitlich für Adolf Hitler und gegen Frankreich entschied. Die Deutschen hätten damals den gleichen Fehler wie die Bewohner der Krim heute gemacht(vgl. White 2014). Der Autor bezeichnet Putin daher als „*bad man*" und „*thief*". Die Narrative sind hier sehr ähnlich: Russland habe in seiner Geschichte immer wieder Länder überfallen (Beispiel Georgien) und mit Putin einen starken Präsidenten, der die Grenzen der Sowjetunion wieder herstellen möchte und dies in erster Linie über militärische Aggressionen durchsetzen möchte. In das Deutungsmuster passt hierbei auch der historische Vergleich mit Hitler, der auch schon von einigen Politikern gemacht wurde und je nach Sachlage immer wieder herangezogen wird.

5.2.4. Analyse und Interpretation der Untersuchung

Nach eingängiger Untersuchung der Narrative des *Spiegel* und des *Guardian*, lassen sich Narrative erkennen, die für beide Magazine auf ähnliche Art und Weise gelten. Zunächst ist es jene Argumentation, die Russland Bestrebungen unterstellt, die ehemaligen Gebiete der Sowjetunion wieder zu erlangen. Hierbei argumentieren beide Medien historisch mit dem Verweis, dass Putin den Zerfall der Sowjetunion als „die größte geopolitische Katastrophe unserer Zeit" bezeichnet hat und er „sowjetnostalgisch" sei. Darüber hinaus wird auf beiden Seiten erwähnt, dass Putins Vorgehen historisch betrachtet ähnlich dem von Adolf Hitler sei. Im Hinblick auf die Sanktionspolitik übernehmen beide Magazine größtenteils die Argumentationslinien der jeweiligen Regierung. Wenn man sich die Aussagen der britischen oder deutschen Politiker diesbezüglich ansieht, lässt sich ein übereinstimmendes Deutungsmuster erkennen. Wirklich kritisch ist man gegenüber den Handlungen der Nato und der eigenen Regierung bezüglich des untersuchten Feldes nicht. Kritisch ist man nur beim „Gegner" – bei anderen fremden Systemen, zu denen auch Russland zählt. Russland als Aggressor, Putin als unberechenbarer, autoritärer Politiker ist „common sense" beider Magazine. Genauso wie die lösungsorientierte Politik des Westens, die sich auf freiheitlich-demokratische Grundwerte stützt. Dem guten Willen des Westens werden zweifellos böse Absichten Russlands gegenübergestellt. Die beiden Magazine unterscheiden sich lediglich in der Frage über die militärische Einmischung des Westens, die der *Spiegel* durchaus kritisch sieht. Der *Guardian* wiederum argumentiert sehr deutlich, dass man auch eine militärische Intervention des Westens nicht kategorisch ausschließen darf.

Durch den Mangel an Empathie für Russland und durch die offenbare Unfähigkeit die Perspektive zu wechseln, konstruieren die beiden Magazine eine Wirklichkeit, in der Russland als „Gegner" oder gar als „Feind" des Westens dargestellt wird. Sie fördern dadurch das Denken in den Kategorien „gut" und „böse", welche vor allem im kalten Krieg in den Köpfen der Menschen verankert war. Es wird darüber hinaus auch das Feindbild Russland geschürt, welches gegen speziell „unsere" Werte verstößt und kein Teil unserer Gemeinschaft ist. Derartige Denk und Deutungsmuster führen zu Ausgrenzung und Polarisierung und verschärfen die ohnehin schon angespannte Lage. Sie sind Wasser auf die Mühlen derjenigen, die militärische Einsätze befürworten und geben denjenigen Unrecht, die sich um einen friedlichen Dialog mit Russland bemühen.

6. Fazit

Summa summarum ist zu erkennen, dass in Bezug auf die eingangs formulierten Fragestellungen einige interessante Ergebnisse entstanden sind. Bezüglich der Untersuchung der Wahrnehmungen der Krim-Bewohner und der Frage, ob eine Diskrepanz zwischen öffentlicher und veröffentlichter Meinung zu erkennen ist, lässt sich erkennen, dass die Medien in einigen Punkten ein verzerrtes Bild der Wirklichkeit wiedergeben. Dieses bezieht sich besonders auf die Aussagen, dass ein Großteil der Bewohner der Krim die Halbinsel verlassen möchte und die Bewohner mit der Situation vor Ort unzufrieden seien. Es ist viel mehr zu erkennen, dass die Krim-Bewohner äußerst zufrieden sind mit den politischen Verhältnissen und ein großes Vertrauen in Putin und die russische Administration haben. Ebenso ist zu beobachten, dass es innerhalb der russischen und ukrainischen Bevölkerung auf der Insel eine sehr hohe Zustimmungsrate zum Referendum gibt. Dies wird medial zumeist entweder negiert oder nicht erwähnt. Richtig liegen die Einschätzungen bezüglich der Unzufriedenheit der Krimtataren, die mehrheitlich unzufrieden sind mit der Situation vor Ort. Es lässt sich also resümieren, dass die Medien nicht pauschal Falschmeldungen verbreiten, jedoch vieles schlicht nicht den realen Bedingungen vor Ort entspricht.

In Bezug auf das Narrativ des *Spiegel* und des *Guardian* lässt sich festhalten, dass die beiden Magazine in vielen Punkten gleiche oder ähnliche Ansichten vertreten. So werden beispielsweise von beiden Seiten Sanktionen gegen Russland befürwortet und Putins militärische Handlungen als „aggressiv" beschrieben. Auch in Bezug auf die Annahme, dass die Ukraine erst der Anfang des Wiedererlangens der ehemaligen Sowjetgebiete sei, wird von beiden Magazinen geteilt. Es gibt also viele ähnliche Narrative, vor allem in Bezug auf die Historie und der Einschätzung, dass Putins Vorgehen ein Beweis für dessen Expansionismus sei. Ein einheitliches Narrativ ist also teilweise auf die Konsequenzen bezogen (Sanktionen, Isolierung, Abgrenzung) und die Annahmen (Russland sei „aggressiv" und „undemokratisch") erkennbar. Unterschiede gibt es bezogen auf eine etwaige militärische Einmischung. Hierbei ist beim *Guardian* erkennbar, dass eine Einmischung zumindest nicht abgelehnt wird, in Teilen sogar klar befürwortet wird. *Der Spiegel* wiederum plädiert dafür, den Konflikt über die Diplomatie zu klären, schließt eine militärische Einmischung jedoch auch nicht kategorisch aus. Ein gemeinsames Narrativ, wie es in der Fragestellung formuliert wurde, ist also erkennbar.

Unterschiedliche Betrachtungen gibt es lediglich hinsichtlich einer militärischen Einmischung und einzelnen historischen Verweisen, die jedoch in ihrer Konsequenz ähnlich gedeutet werden.

Bezüglich des Konflikts um die Krim, vertrete ich die Meinung, dass es wohl am besten für alle Seiten wäre, wenn das Referendum unter internationaler Aufsicht wiederholt werden würde. Daraufhin könnte das Ergebnis international anerkannt werden und das Wirtschaftsembargo gegen die Krim aufgehoben werden. Voraussetzung ist hierbei natürlich, dass das Referendum kontrolliert abläuft und alle Kriterien zur Annerkennung erfüllt. Die Entscheidung der Bewohner muss daraufhin selbstverständlich von allen Seiten akzeptiert werden, auch wenn diese zugunsten Russlands oder der Ukraine ausfiele. Dadurch würde sich die Lage zumindest auf der Krim ein wenig entspannen.

Bezogen auf die Ukraine-Krise bin ich der Ansicht, dass es die beste Lösung wäre, den umkämpften Republiken im Osten der Ukraine (Luhansk und Donezk) mehr Autonomierechte zuzugestehen. Eine Überlegung könnte sein, die beiden Republiken als föderale, eigenständige Staaten innerhalb der Ukraine anzuerkennen mit ausgeprägten Rechten vor allem in der Sprach und Bildungspolitik. Hiermit ist natürlich nicht gewährleistet, dass die Kampfhandlungen dadurch automatisch aufhören. Es wäre jedoch ein erster Schritt hin zu einer friedlichen Lösung der Ukraine-Krise und ein wichtiges Zeichen in Zeiten in denen Europa immer mehr auseinanderbricht.

7. Literaturverzeichnis

AFP, 2014. *Nato-Gipfel in Newport: Poroschenko spricht von Militärhilfen durch Nato-Partner.* ZEIT ONLINE. https://www.zeit.de/politik/ausland/2014-09/nato-ukraine-militaerhilfe [Stand 2018-09-17].

Berlin-Karlshorst, Deutsch-Russisches Museum 2007. *Unsere Russen - Unsere Deutschen. Bilder vom Anderen 1800 bis 2000.* 1., Auflage. Berlin: Ch. Links Verlag.

Beyme, Klaus von 2017. *Die Russland-Kontroverse: Eine Analyse des ideologischen Konflikts zwischen Russland-Verstehern und Russland-Kritikern.* Springer-Verlag.

Bidder, Benjamin 2014a. *Krim vor der Abspaltung: „Die Russen sollen bleiben" - SPIEGEL ONLINE.* http://www.spiegel.de/politik/ausland/krim-vor-der-abspaltung-die-russen-sollen-bleiben-a-956726.html# [Stand 2018-10-8].

Bidder, Benjamin 2014b. *Ukraine-Russland-Krise: Putins Pläne für ein Protektorat Krim - SPIEGEL ONLINE.* http://www.spiegel.de/politik/ausland/ukraine-russland-krise-putins-plaene-fuer-ein-protektorat-krim-a-956445.html# [Stand 2018-10-8].

Bierhoff, Hans W. & Frey, Dieter 2006. *Handbuch der Sozialpsychologie und Kommunikationspsychologie.* Hogrefe Verlag.

Bilger, Oliver 2012. *Kommentar: Der lupenreine Autokrat Putin.* https://www.handelsblatt.com/meinung/kommentare/kommentar-der-lupenreine-autokrat-putin/7002338.html [Stand 2018-08-27].

Birrell, Ian 2014. Don't fall for Putin's lie.

Bismarck, Otto von 2012. *Bismarcks Briefwechsel mit dem Minister Freiherrn von Schleinitz: 1858 -1861.* SEVERUS Verlag.

Bläser, Verena 2014. Zum Russlandbild in den deutschen Medien.

Blome, Nikolaus u. a. 2014. Bis jenseits der Grenze.

Booth, Robert 2013. UK took three weeks to act over data at New York Times, says Guardian. *The Guardian .* https://www.theguardian.com/world/2013/aug/30/david-miranda-police-powers-data [Stand 2018-10-3].

Bundeszentrale für politische 2016. *Dokumentation: Meinungsumfrage auf der Krim | bpb.* http://www.bpb.de/234872/dokumentation-meinungsumfrage-auf-der-krim [Stand 2018-09-26].

Bundeszentrale für politsche Bildung 2015. *Statistik: Demographische Situation auf der Krim | bpb.* http://www.bpb.de/214882/statistik-demographische-situation-auf-der-krim [Stand 2018-09-18].

Butenschön, Rainer u. a. 2017. *Lügen die Medien?: Propaganda, Rudeljournalismus und der Kampf um die öffentliche Meinung.* Westend Verlag.

Daniljuk, Malte 2014. *Ukraine-Konflikt: ARD-Programmbeirat bestätigt Publikumskritik.* heise online. https://www.heise.de/tp/features/Ukraine-Konflikt-ARD-Programmbeirat-bestaetigt-Publikumskritik-3367400.html [Stand 2018-08-23].

de Souza Soares, Philipp 2014. *Krim: Propaganda russischer und ukrainischer Medien - SPIEGEL ONLINE.* http://www.spiegel.de/politik/ausland/krim-propaganda-russischer-und-ukrainischer-medien-a-956948.html# [Stand 2018-10-8].

Dornblüth, Gesine 2016. *Russland und die Krim - Zwei Jahre nach der Annexion.* Deutschlandfunk. https://www.deutschlandfunk.de/russland-und-die-krim-zwei-jahre-nach-der-annexion.795.de.html?dram:article_id=348594 [Stand 2018-09-26].

Dorner, Martina & Spreen, Meike 1998. *Das Bildungssystem der Ukraine.* Waxmann Verlag.

Edelman 2018. *Edelman Trust Barometer 2018 - UK Findings.* Edelman Trust Barometer 2018 - UK Findings. https://www.edelman.co.uk/magazine/posts/edelman-trust-barometer-2018/ [Stand 2018-10-2].

Flottau, Renate u. a. 2005. : Die Revolutions-GmbH. *Der Spiegel* 46, . http://www.spiegel.de/spiegel/print/d-43103188.html [Stand 2018-09-12].

Forsa Institut 2007. *Unsere Russen.* Kassel: Gesellschaft für Sozialforschung.

Freedom House 2018. *Freedom in the World 2018.* https://freedomhouse.org/report/freedom-world/freedom-world-2018 [Stand 2018-09-27].

Fried, Nico 2015. *(1)Merkels Statement in Moskau - „Ver . . . brecherisch" - Politik - Süddeutsche.de.* https://www.sueddeutsche.de/politik/merkels-statement-in-moskau-ver-brecherisch-1.2474489#redirectedFromLandingpage [Stand 2018-10-10].

Gessen, Masha 2014. Most Russians believe the Crimea is theirs. Putin has acted on his belief.

Geyer, Dietrich 1986. Ostpolitik und Geschichtsbewußtsein in Deutschland. *Vierteljahrshefte für Zeitgeschichte* 13.

Glaser, Peter 2007. *Sofortness.* Technology Review. https://www.heise.de/tr/blog/artikel/Sofortness-273180.html [Stand 2018-10-3].

Gloger, Katja 2014. *Ein Schuljunge schafft sich sein Imperium.* stern.de. https://www.stern.de/politik/ausland/wladimir-putin-ein-schuljunge-schafft-sich-sein-imperium-3625726.html [Stand 2018-08-23].

Grotzky, Johannes 2013. VON DER GORBATSCHOW-EUPHORIE ZUR PUTIN-KRITIK. . September 15.

Gupta, Oliver 2014. Russland will den Weltkrieg. *sueddeutsche.de* .

https://www.sueddeutsche.de/politik/muenchner-neueste-nachrichten-vom-deutschland-jubelt-ueber-den-bevorstehenden-krieg-1.2072953 [Stand 2018-08-20].

Halbach, Uwe 2014. *Analyse: Die Krimtataren in der Ukraine-Krise | bpb.* http://www.bpb.de/internationales/europa/ukraine/195184/analyse-die-krimtataren-in-der-ukraine-krise [Stand 2018-09-19].

Hans, Julian & Steinitz, David 2017. Keine Dokumentation, sondern ein Autokraten-Porno. *sueddeutsche.de* . https://www.sueddeutsche.de/medien/the-putin-interviews-auf-sky-keine-dokumentation-sondern-ein-autokraten-porno-1.3539842 [Stand 2018-08-27].

Hebel, Christina 2017. *Christian Lindner will Krim-Annektion akzeptieren: Fahrlässiges Signal - Kommentar - SPIEGEL ONLINE.* http://www.spiegel.de/politik/deutschland/christian-lindner-will-krim-annektion-akzeptieren-fahrlaessiges-signal-kommentar-a-1161585.html [Stand 2018-10-10].

Heintze, Hans-Joachim 2014. Der völkerrechtliche Status der Krim und ihrer Bewohner. *Die Friedens-Warte* 89, 1/2, 153–179.

Heintze, Hans-Joachim 2016. *Territoriale Integrität der Staaten: Fortbestehende Grundlage des Völkerrechts: Untersuchung vor dem Hintergrund des Berg-Karabach-Konflikts zwischen Armenien und Aserbaidschan.* BWV Verlag.

Herzinger, Richard 2014. „Putin-Verstehen": Das schwärmerische Russland-Bild der Deutschen. *DIE WELT* . https://www.welt.de/kultur/article125578688/Das-schwaermerische-Russland-Bild-der-Deutschen.html [Stand 2018-08-20].

Hofbauer, Hannes 2016. *Feindbild Russland: Geschichte einer Dämonisierung.* Promedia Verlag.

Hoidn-Borchers, Andreas & Vormbäumen, Axel 2014. *Niemand weiß, wer dieser Putin jetzt ist.* stern.de. https://www.stern.de/politik/ausland/konflikt-zwischen-russland-und-dem-westen-niemand-weiss--wer-dieser-putin-jetzt-ist-3821592.html [Stand 2018-09-17].

infratest dimap 2016. DeutschlandTrend.

Institut für Demoskopie Allensbach 2015. *Die Grenzen der Propaganda.* Allensbach.
Jungclaussen, Von John F. 2013. *„Guardian": Genial, geliebt, gefährdet.* ZEIT ONLINE. https://www.zeit.de/2013/06/Guardian-Medien-Internet-Journalismus [Stand 2018-10-2].

Kálnoky, Boris 2017. Moskaus Expansion: Warum die Osteuropäer den Russen die Tür öffnen. *DIE WELT* . https://www.welt.de/politik/ausland/article170564091/Warum-die-Osteuropaeer-den-Russen-die-Tuer-oeffnen.html [Stand 2018-08-28].

Kappeler, Andreas 2014. *Kleine Geschichte der Ukraine.* C.H.Beck.

Kappeler, Andreas 2008. *Rußland als Vielvölkerreich: Entstehung - Geschichte - Zerfall.*

C.H.Beck.

Kasper, Nicole 2011. *Die EU-Nachbarschaftspolitik als Instrument externer Demokratieförderung : das Beispiel der Ukraine.* Universitätsverlag Potsdam.

Kennedy, Michael D & Jr, Floyd Kennedy 2014. Putin isn't a baby with a temper tantrum. He's living in a distant reality, and we should respond forcefully before it's too late

Klitschko, Wladimir 2014. *Klitschko: Die Welt darf nicht wegschauen, wie ein Diktator sein Volk abschlachtet.* bild.de. https://www.bild.de/politik/ausland/vitali-klitschko/die-welt-darf-nicht-zuschauen-wie-ein-diktator-sein-volk-abschlachtet-34756166.bild.html [Stand 2018-08-23].

Klönne, Arno 2015. *Im geteilten Deutschland: Die Russen als „Freunde", als Gegner im Kalten Krieg, als Koexistierende.* Telepolis. https://www.heise.de/tp/features/Im-geteilten-Deutschland-Die-Russen-als-Freunde-als-Gegner-im-Kalten-Krieg-als-Koexistierende-3369324.html [Stand 2018-08-21].

Koch, Egmont 2018. *Putins Kalter Krieg.* https://www.zdf.de/uri/c4699906-3d5e-4225-8ced-e0b322d0f675 [Stand 2018-08-27].

Kohla, Sandra 2011. *Stereotype über Russland und seine Bevölkerung.* Zentrum fuer Osteuropa-Studien. http://www.zos.uni-kiel.de/de/stereotype-ueber-russland-und-seine-bevoelkerung [Stand 2018-07-28].

Kohler, Michael 2016. *Wächter der Demokratie.* @GI_weltweit. https://www.goethe.de/de/kul/med/20894053.html [Stand 2018-10-2].
Krone-Schmalz, Gabriele 2015. *Russland verstehen. Der Kampf um die Ostukraine und die Arroganz des Westens.* 7. Auflage 2015. München: C.H.Beck.

Kruse, Niels 2014. *In 25 Zitaten an den Rand eines Krieges.* stern.de. https://www.stern.de/politik/ausland/krise-in-der-ukraine-in-25-zitaten-an-den-rand-eines-krieges-3682270.html [Stand 2018-09-20].

Kubicek, Paul 2008. *The history of Ukraine.* Westport, Conn: Greenwood Press.

Kunze, Thomas & Vogel, Thomas 2016. *Das Ende des Imperiums: Was aus den Staaten der Sowjetunion wurde.* Ch. Links Verlag.

Kusznir, Julia 2018. Russissche Infrastrukturprojekte auf der Krim - eine Bestandaufnahme.

Luhmann, Niklas 1996. *Die Realität der Massenmedien.* 2., erw. Aufl. Opladen: Westdt. Verl.

Lotto, Beau 2018. *Anders sehen. Die verblüffende Wissenschaft der Wahrnehmung.* 2. Auflage, Wilhelm Goldman Verlag München.

mediadb.eu 2018. *IfM - The Guardian.* https://www.mediadb.eu/forum/zeitungsportraets/the-guardian.html [Stand 2018-10-2].

Meedia 2018. *Sommer-Überraschung bei der AGOF: Spiegel Online mit mehr Unique Usern als Bild.de › Meedia.* https://meedia.de/2018/08/03/sommer-ueberraschung-bei-der-agof-spiegel-online-mit-mehr-unique-usern-als-bild-de/ [Stand 2018-10-2].

Meister, Stefan 2018. Russlands neue Außen- und Sicherheitspolitik: 7.
Merkel, Reinhard Die Krim und das Völkerrecht: Kühle Ironie der Geschichte. *FAZ.NET*. http://www.faz.net/1.2884464 [Stand 2018-07-25].

Mitschka, Jochen. Das Ukraine-Narrativ.

Münkler, Herfried 2008. *Geschichtsmythen und Nationenbildung / bpb.* http://www.bpb.de/geschichte/zeitgeschichte/geschichte-und-erinnerung/39792/geschichtsmythen?p=all [Stand 2018-10-3].

NATO O J. *The North Atlantic Treaty.* NATO. http://www.nato.int/cps/en/natohq/official_texts_17120.htm [Stand 2018-10-9].

Neef, Christian 2014. *Schluss mit der Romantik. Warum die Deutschen endlich aufhören müssen, einen verklärten Blick auf Putins Reich zu werfen.*

Neuber, Wolfgang 2013. *Verbreitung von Meinungen durch die Massenmedien.* Springer-Verlag.

Norton-Taylor, Richard 2014. Ignore the generals bombast on Ukraine. Nato has extended enough.

O A 2014a. Crimea: Mr Putin's imperial act.

O A 2014b. In eigener Sache: Wer ist der Kriegstreiber? *Der Spiegel*. http://www.spiegel.de/spiegel/spiegel-titel-zu-putin-in-eigener-sache-a-983484.html [Stand 2018-08-23].

O A 2017. *Krim-Wirtschaft profitiert von Annexion.* Ostexperte.de. https://ostexperte.de/krim-wirtschaft-annexion/ [Stand 2018-10-1].

O A 2018. *ma 2018 Pressemedien II.* https://www.ma-reichweiten.de/ [Stand 2018-10-2].

O A 2014c. Reden ja, umarmen nein. Wie der Westen die Kräfte des Irrsins in der Ukraine eindämmen kann.

O A 2014d. Ukraine: Putin's Crimean grab.

O A 2014e. *Zitat zur Ukraine: Krim-Krise: Kerry sorgt für Spott - Abendzeitung München.* https://www.abendzeitung-muenchen.de/inhalt.zitat-zur-ukraine-krim-krise-kerry-sorgt-fuer-spott.5d5bf072-5d1e-49f9-bb82-5d8f9406f9f8.html [Stand 2018-10-6].

Petersen, Thomas 2016. *Analyse: Das Russlandbild der Deutschen und die Grenzen der Propagandawirkung | bpb.* http://www.bpb.de/internationales/europa/russland/analysen/219415/analyse-das-russlandbild-der-deutschen-und-die-grenzen-der-propagandawirkung [Stand 2018-08-21].

Pew Research Center 2014. Accept Results of Crimea Referendum?| Pew Research Center. http://www.pewglobal.org/2014/05/08/despite-concerns-about-governance-ukrainians-want-to-remain-one-country/pg-2014-05-08-ukraine-russia-1-02/ [Stand 2018-09-28].

Pörzgen, Gemma 2018. *Russlandbild in den deutschen Medien | Dossier Russland | bpb.de.* http://www.bpb.de/internationales/europa/russland/47998/russlandbild-deutscher-medien [Stand 2018-08-6].

Quiring, Manfred 2013. *Russland: Orientierung im Riesenreich.* Ch. Links Verlag.

Rapoza, Kenneth 2015. *One Year After Russia Annexed Crimea, Locals Prefer Moscow To Kiev.* https://www.forbes.com/sites/kenrapoza/2015/03/20/one-year-after-russia-annexed-crimea-locals-prefer-moscow-to-kiev/#30ada9f8510d [Stand 2018-09-26].

Reichwein, Marc 2017. Rainer Maria Rilke war der erste „Russlandversteher" - Austellung im Literaturmuseum der Moderne in Marbach. *DIE WELT* . https://www.welt.de/kultur/literarischewelt/article164385513/Rainer-Maria-Rilke-war-der-erste-Russlandversteher.html [Stand 2018-08-9].

Reinbold, Fabian 2014. *Linkspartei in der Krim-Krise: Putins Freunde in Berlin - SPIEGEL ONLINE.* http://www.spiegel.de/politik/deutschland/linkspartei-in-der-krim-krise-putins-freunde-in-berlin-a-959041.html# [Stand 2018-10-8].

Reitschuster, Boris 2017. *Die 16 größten russischen Propaganda-Mythen über die Ukraine.* https://www.huffingtonpost.de/2017/04/15/propagandy-mythen-ukraine-russland_n_16033868.html [Stand 2018-08-27].

Reporter ohne Grenzen 2018. *Ukraine.* Reporter ohne Grenzen für Informationsfreiheit. https://www.reporter-ohne-grenzen.de/ukraine/?L=0 [Stand 2018-09-27].

Rifkind, Malcolm 2014. Ukraine crisis: the west must not prevaricate over imposing sanctions on Russia.

Rothenberg, Christian 2015. *Als Putin die grünen Männchen rief.* n-tv.de. https://www.n-tv.de/politik/Als-Putin-die-gruenen-Maennchen-rief-article14606236.html [Stand 2018-09-20].

Rötzer, Florian 2017. *Separatismus: Auch jetzt würden noch fast 80 Prozent der Krim-Bürger für die Sezession stimmen.* Telepolis. https://www.heise.de/tp/features/Separatismus-Auch-jetzt-wuerden-noch-fast-80-Prozent-der-Krim-Buerger-fuer-die-Sezession-stimmen-3902899.html [Stand 2018-09-

20].

Saakashvili, Mikheil 2014. Let Georgia be a lesson for what will happen to Ukraine. 3.

Sasse, Gwendolyn 2018. RUSSLANDS EINMISCHUNG IN DER UKRAINE LAGE IN DER OSTUKRAINE.

Sasse, Gwendolyn 2017a. TERRA INCOGNITA – THE PUBLIC MOOD IN CRIMEA. *Terra Incognita*

Sasse, Gwendolyn 2017b. TERRA INCOGNITA – THE PUBLIC MOOD IN CRIMEA. *Terra Incognita* 20.

Saxer, Urs 2014. Der Krim-Konflikt und das Völkerrecht | NZZ. *Neue Zürcher Zeitung* . https://www.nzz.ch/meinung/debatte/der-krim-konflikt-und-das-voelkerrecht-1.18265005 [Stand 2018-10-10].

Schepp, Matthias 2014. Von heiligen russischen Orten.

Schiffer, Sabine 2014. *Putin vs. Obama.* Weltnetz.tv. https://weltnetz.tv/video/560-putin-vs-obama [Stand 2018-08-23].

Schneider-Deters, Winfried 2014. *Die Ukraine: Machtvakuum zwischen Russland und der Europäischen Union.* BWV Verlag.

Seibel, Wolfgang 2009. Hegemoniale Semantiken und radikale Gegennarrative.

Shishkin, Mikhail 2014. Ordinary Russians and Ukrainians have been betrayed.

Spiegel Online 1997. SPIEGEL-SPRACHE: „Wichtig ist der Mensch." *Der Spiegel* 0, . http://www.spiegel.de/spiegel/print/d-8650416.html [Stand 2018-10-2].

Statista 2018a. *Infografik: Deutschlands meistgenutzte Nachrichtenmedien.* Statista Infografiken. https://de.statista.com/infografik/14278/deutschlands-meistgenutzte-nachrichten/ [Stand 2018-10-2].

Statista 2018b. *Trust in media worldwide 2017 | Statistic.* Statista. https://www.statista.com/statistics/683336/media-trust-worldwide/ [Stand 2018-10-2].

Stein, Torsten, Buttlar, Christian & Kotzur, Markus 2017. *Völkerrecht.* Vahlen.

Timtschenko, Viktor 2015. *Krim - Halbinsel zwischen Russland und der Ukraine | MDR.DE.* https://www.mdr.de/heute-im-osten/krim188_page-1_zc-43c28d56.html [Stand 2018-09-26].

Steiner, Rudolf 2017. *Die Philosophie der Freiheit. Grundzüge einer modernen Weltanschauung.* 2. Auflage, Rudolf Steiner Ausgaben e.k..

Turowski, Jan & Mikfeld, Benjamin 2013. Gesellschaftlicher Wandel und politische Diskurse. Überlegungen für eine strategiorientierte Diskursanalyse.

de Waal, Thomas 2015. The New Siege of Crimea.

Wertheimer, Jürgen, Holz, Isabelle & Rogge, Florian 2017. *Maidan – Tahrir – Taksim: Plätze, die die Welt verändern – Protest, Aufbruch, Repression.* marixverlag.

White, Michael 2014. Risk for west is Putin's ambition to reclaim Russian-speaking majority areas to create.

Wolf, Max 2016. Putins Rede vor dem Bundestag: Die vertane Chance Berlin Journal. https://www.berlinjournal.biz/putins-rede-vor-dem-bundestag-die-vertane-chance/ [Stand 2018-08-21].

Zakaria, Fareed 2015. PRES OBAMA on Fareed Zakaria GPS. http://cnnpressroom.blogs.cnn.com/2015/02/01/pres-obama-on-fareed-zakaria-gps-cnn-exclusive/ [Stand 2018-09-17].

Zeit Online 2018. *Russland: US-Regierung erkennt Annexion der Krim nicht an | ZEIT ONLINE.* https://www.zeit.de/politik/deutschland/2018-07/russland-us-regierung-annexion-krim [Stand 2018-10-10].

Zitate.eu 2016. *Zitat von Rudolf Augstein.* https://www.zitate.eu. https://www.zitate.eu/author/augstein-rudolf/zitate/86543 [Stand 2018-10-2].

BEI GRIN MACHT SICH IHR WISSEN BEZAHLT

- Wir veröffentlichen Ihre Hausarbeit, Bachelor- und Masterarbeit

- Ihr eigenes eBook und Buch - weltweit in allen wichtigen Shops

- Verdienen Sie an jedem Verkauf

Jetzt bei www.GRIN.com hochladen und kostenlos publizieren

Ingram Content Group UK Ltd.
Milton Keynes UK
UKHW010721130623
423368UK00004B/50